Κώδικας του Λατρευτικού του Χριστού

Τα Μυστικά των Αβρααμικών Θρησκειών

Dan Desmarques

22 Lions

Κώδικας του Λατρευτικού του Χριστού: Τα Μυστικά των Αβρααμικών Θρησκειών

Γράφτηκε από τον Dan Desmarques

Ευρετήριο

Εισαγωγή

«Κώδικας του Λατρευτικού του Χριστού» είναι μια ολοκληρωμένη εξερεύνηση των κρυμμένων αληθειών και των τακτικών χειραγώγησης που ενσωματώνονται στις αβρααμικές θρησκείες, με ιδιαίτερη έμφαση στον Χριστιανισμό. Στόχος του βιβλίου αυτού είναι να αποκαλύψει τα στρώματα εξαπάτησης και ελέγχου που έχουν διαμορφώσει τις θρησκευτικές πεποιθήσεις και πρακτικές εδώ και αιώνες, επηρεάζοντας τις ζωές δισεκατομμυρίων ανθρώπων σε όλο τον κόσμο.

Καθώς ξεκινάτε αυτό το ταξίδι, θα βρείτε μια κριτική εξέταση των θεμελίων των Αβρααμικών θρησκειών, ιστορικές και σύγχρονες ερμηνείες σημαντικών προσωπικοτήτων και γεγονότων, καθώς και τον βαθύ αντίκτυπο που είχαν αυτές οι πεποιθήσεις στην κοινωνία. Θα εξερευνήσετε την προέλευση των μονοθεϊστικών ιδεολογιών, τον ρόλο της εξωγήινης παρέμβασης στη διαμόρφωση των θρησκευτικών αφηγήσεων και τις τακτικές χειραγώγησης που χρησιμοποιούν τα θρησκευτικά ιδρύματα για να διατηρήσουν τον έλεγχο των οπαδών τους.

«Κώδικας του Λατρευτικού του Χριστού» επιδιώκει να ενδυναμώσει τους αναγνώστες παρέχοντάς τους τις γνώσεις και τα εργαλεία που είναι απαραίτητα για να αμφισβητήσουν και να αμφισβητήσουν δόγματα που έχουν γίνει από καιρό αποδεκτά χωρίς αμφισβήτηση. Σπάζοντας το πέπλο της άγνοιας και αποκαλύπτοντας τις πλάνες που διαπερνούν τις θρησκευτικές διδασκαλίες, μπορούμε να αρχίσουμε να αφυπνίζουμε τη συνείδησή μας και να βαδίζουμε στο μονοπάτι της αληθινής φώτισης και της πνευματικής απελευθέρωσης.

Το βιβλίο αυτό δεν είναι απλώς μια ακαδημαϊκή άσκηση, αλλά μια πρόσκληση για δράση. Ενθαρρύνει τους αναγνώστες να σκέφτονται κριτικά, να αμφισβητούν την εξουσία και να αναζητούν την αλήθεια πέρα από τα όρια της θρησκευτικής διδασκαλίας. Κατανοώντας τα ιστορικά και σύγχρονα συμφραζόμενα των θρησκευτικών πεποιθήσεων, είναι δυνατόν να περιηγηθούμε καλύτερα στις πολυπλοκότητες του κόσμου μας και να εργαστούμε για μια πιο δίκαιη και συμπονετική κοινωνία. Εξερευνήστε τη σκοτεινή πλευρά της πίστης και της εξουσίας, τα κρυμμένα μυστικά των θρησκευτικών θεσμών και τις δυνατότητες ανάληψης πέρα από τα όρια της λατρείας του Χριστού. Με αυτό το βιβλίο, μπορείτε να ανακαλύψετε την αλήθεια και να περπατήσετε ένα νέο μονοπάτι προς την πνευματική αφύπνιση και την απελευθέρωση.

Κεφάλαιο 1: Ο Αβραάμ αποκωδικοποιείται

Οι αβρααμικές θρησκείες ασκούνται σήμερα από περίπου 4 δισεκατομμύρια ανθρώπους, δηλαδή περίπου το ήμισυ του παγκόσμιου πληθυσμού. Αυτό σημαίνει ότι πολλές από τις αξίες, τις επιλογές και τις σκέψεις μας εξαρτώνται από αυτά που κηρύττουν αυτές οι θρησκείες. Ωστόσο, λίγοι τολμούν να αμφισβητήσουν την εγκυρότητά τους, παρά το γεγονός ότι έχουν διαιωνίσει συγκρούσεις, γενοκτονίες και την εξάλειψη αμέτρητων πολιτισμών επί χιλιάδες χρόνια, όλα στο όνομα μιας θεότητας.

Όσοι είναι ικανοί για μια ανώτερη συνείδηση θα δουν την αλήθεια και θα τη βρουν απελευθερωτική, ενώ όσοι εξακολουθούν να είναι παγιδευμένοι στη σαγήνη των Αβρααμικών θρησκειών θα παραμείνουν στο σκοτάδι. Πολλοί προφήτες μάς έχουν προειδοποιήσει για τα ψέματα που μας οδηγούν μακριά από την αλήθεια. Η ανθρωπότητα έχει εξαπατηθεί και χειραγωγηθεί στο όνομα ενός ψεύδους που έχει εκτεταμένες συνέπειες για τον τρόπο με τον οποίο διαμορφώνουμε τον κόσμο.

Ως πλανητική φυλή, μπορούμε να συνεχίσουμε να εξελισσόμαστε μόνο αν μορφωθούμε και σταματήσουμε να δημιουργούμε πολέμους που δεν δικαιολογούνται ποτέ όταν προωθούνται στο όνομα ενός ψεύτικου θεού. Αν και η αλήθεια μπορεί να είναι σοκαριστική, θα αποκαλύψει επίσης πολλά για την κρυφή μας φύση και θα μας απελευθερώσει πνευματικά. Αυτή η ελευθερία από τα δεσμά του δόγματος θα επιτρέψει, με τον καιρό, μια μεγαλύτερη και πιο εξελιγμένη πλανητική συνείδηση.

Τα ανθρώπινα όντα πάντα χρειάζονταν έναν προφήτη ή γκουρού για να εγκαθιδρύσουν μια σύνδεση με το Θείο. Σε ορισμένες περιπτώσεις, αυτοί οι προφήτες ονομάζονταν Θεός μετενσαρκωμένος. Ο Χριστός δεν ήταν η πρώτη μορφή που εθεωρείτο με αυτόν τον τρόπο. Ωστόσο, οι διαστρεβλώσεις και οι παρεξηγήσεις που έχουν συσσωρευτεί γύρω από τις διδασκαλίες του Χριστού είναι τόσο μεγάλες που λίγοι μπορούν να τον κατανοήσουν πραγματικά σήμερα. Το είδος του χριστιανισμού που διαδίδεται είναι περισσότερο σύμφωνο με τις αρχαίες ρωμαϊκές αξίες και πολιτικές απόψεις παρά με τα λόγια του Ιησού. Μπορούμε να το δούμε αυτό σε μια συζήτηση μεταξύ του Χριστού και του Ιούδα, όπου ο Ιησούς του λέει (στο Ευαγγέλιο του Ιούδα): «Σήκωσε τα μάτια σου και δες το σύννεφο, το φως πάνω του και τα αστέρια γύρω του. Το αστέρι που καθοδηγεί το δρόμο είναι το δικό σου αστέρι.

Με αυτή τη φράση, ο Ιησούς παρουσιάζεται ως κύριος της συλλογικής συνείδησης, που είναι παρούσα σε όλο το σύμπαν. Δεν ήταν μοναδικός στα λόγια του, αλλά εκπρόσωπος αυτής της συνείδησης που εκδηλώνεται σε πολλούς άλλους γαλαξίες και πλανήτες. Ωστόσο, όπως και κάθε άλλος δημοφιλής ηγέτης, τα λόγια του αργότερα διαστρεβλώθηκαν για να ενισχύσουν ατζέντες που αποσκοπούσαν στη χειραγώγηση των μαζών. Μετά από αυτή τη φράση, βλέπουμε ότι ο Ιούδας «σήκωσε τα μάτια του και είδε το φωτεινό σύννεφο, και μπήκε σ' αυτό».

Υπάρχουν άφθονες ενδείξεις εξωγήινης επαφής στις αλληλεπιδράσεις μεταξύ του Ιησού και των αγγέλων. Ωστόσο, πολλοί Χριστιανοί επιμένουν να περιγράφουν τους αγγέλους ως φτερωτά όντα, μια γραμμική αναπαράσταση που χρησιμοποιείται για να εξηγήσει την ύπαρξη ανθρώπων από άλλους γαλαξίες. Αν και πολλοί χριστιανοί σήμερα χλευάζουν την πιθανότητα ότι οι άγγελοί τους είναι απλώς άνθρωποι από άλλους πλανήτες, εδώ έχουμε μια αναφορά ότι ο Ιησούς και ο Ιούδας ενώνονται με τους αγγέλους σε ένα διαστημόπλοιο και ταξιδεύουν στο σύμπαν αναζητώντας τη σοφία. Γιατί λοιπόν ο Ιούδας τον πρόδωσε; Δεν τον πρόδωσε αυτός! Ο Ιησούς είδε το σώμα ως εμπόδιο στην ανάληψή του. Προσπαθούσε να αποφύγει τον θάνατο μέχρι να ολοκληρώσει το έργο του στη Γη, και ο θάνατός του θα ήταν ευπρόσδεκτος όταν συνέβαινε αυτό. Το ίδιο Ευαγγέλιο μας το δείχνει αυτό όταν ο Ιησούς λέει στον Ιούδα: «Θα θυσιάσεις αυτόν που θα με ντύσει».

Με τη βοήθεια του Ιούδα, ο θάνατος του Ιησού θα απελευθέρωνε το πνεύμα του για να ενταχθεί στην αδελφότητα από την οποία προήλθε. Ο Ιησούς ήταν ένας Αστροσπόρος και ένας Άβαταρ. Ήταν ένας από τους πολλούς που έχουν έρθει στη Γη κατά τη διάρκεια της ιστορίας, ιδιαίτερα τα τελευταία χρόνια, για να μοιραστούν τις διδασκαλίες των προηγμένων πολιτισμών. Οι αληθινές διδασκαλίες του Ιησού συνάδουν με τις διδασκαλίες άλλων που, όπως αυτός, προσπάθησαν να εκπροσωπήσουν τη συλλογικότητα σε ανώτερα επίπεδα ύπαρξης. Όταν συγκρίνουμε αυτές τις διδασκαλίες με πολλές άλλες που έχουν τις ρίζες τους στην ίδια αλήθεια της γαλαξιακής συνείδησης, βλέπουμε ότι μιλούν το ίδιο πράγμα, όσο μακριά και αν βρίσκονται από την κατανόηση των μαζών, ακόμη και χιλιάδες χρόνια αργότερα.

Υπάρχουν τρεις τύποι εμφανίσεων που σχετίζονται με τους αγγέλους: εξωγήινοι καλοήθους ή κακοήθους φύσης, ψυχές αποθανόντων ανθρώπων και τεχνητές εκδηλώσεις που διεγείρονται από την ύπνωση ή τη χρήση ναρκωτικών. Δεν υπάρχουν άλλοι τύποι αγγέλων εκτός από αυτούς που ανήκουν σε αυτές τις ομάδες. Επομένως, όταν οι άνθρωποι ισχυρίζονται ότι βλέπουν αγγέλους, όπως φαίνεται στα χριστιανικά φυλλάδια, μάλλον έχουν να κάνουν με αγγέλους του τρίτου τύπου, οι οποίοι μπορεί να δημιουργηθούν από την πρώτη ομάδα ή ακόμη και από τη γήινη τεχνολογία.

Οι γήινες ή εξωγήινες ομάδες μπορούν επίσης να χρησιμοποιούν ναρκωτικά για να επιτύχουν στόχους μέσω των ψευδαισθήσεων που προκαλούνται. Το βιβλίο της Αποκάλυψης, το οποίο έχει τόσο βασανιστική επίδραση στον ψυχισμό πολλών χριστιανών, είναι ένα παράδειγμα κειμένου που γράφτηκε από άνθρωπο υπό την επίδραση εξωγήινων παραισθησιογόνων ναρκωτικών.

Κεφάλαιο 2:
Η Αποκάλυψη
αποκαλύφθηκε

Σ την Αποκάλυψη 10:8-11, ο Ιωάννης μας λέει: «Η φωνή που
άκουσα από τον ουρανό μου μίλησε ξανά, λέγοντας: »Πήγαινε
και πάρε τον μικρό πάπυρο που είναι ανοιχτός στο χέρι του αγγέλου
που είναι πάνω από τη θάλασσα και πάνω από τη γη. Πήγα λοιπόν
στον άγγελο και του είπα: 'Δώσε μου τον μικρό ειλητάριο. Εκείνος
μου είπε: 'Πάρε και φάε το, γιατί θα πικράνει την κοιλιά σου, αλλά
στο στόμα σου θα είναι γλυκό σαν μέλι. Έτσι τον πήρα από το χέρι
του αγγέλου και τον έφαγα, και στο στόμα μου ήταν γλυκός σαν μέλι-
αφού τον έφαγα, η κοιλιά μου έγινε πικρή.

Αυτό το χωρίο περιγράφει τον Ιωάννη ναρκωμένο πριν λάβει
αποκαλυπτικές εικόνες. Αυτά τα οράματα δεν είχαν καμία σχέση με
γεγονότα, αλλά ήταν απλώς φωτογραφίες ή τεχνητά δημιουργημένα
σχέδια που κάποιος θα μπορούσε να δημιουργήσει σήμερα σε
έναν υπολογιστή. Δεν πρέπει να υποθέσουμε ότι οι άνθρωποι τότε
μπορούσαν να καταλάβουν τη διαφορά. Αν είναι εύκολο να ξεγελάσεις
τους ανθρώπους με τεχνητή νοημοσύνη σήμερα, σίγουρα θα ήταν
ευκολότερο σε μια εποχή που η τεχνολογία δεν ήταν διαθέσιμη. Στην

πραγματικότητα, αν ο Ιωάννης είχε δει μια αποκαλυπτική ταινία στην τηλεόραση, θα πίστευε ότι ήταν πραγματική, επειδή δεν είχαν ιδέα τι είναι η τηλεόραση.

Οι ταινίες είναι τόσο ρεαλιστικές που οι περισσότεροι άνθρωποι στον σημερινό κόσμο δυσκολεύονται να διακρίνουν την πραγματικότητα από τη μυθοπλασία. Αυτή η έλλειψη διάκρισης πηγάζει από τη φυσική προδιάθεση του ανθρώπινου ψυχισμού προς τη φαντασία. Η θρησκεία οικοδομήθηκε πάνω στην άγνοια των πολλών και εκμεταλλεύτηκε αυτή την ψυχική προδιάθεση επειδή ευνοούσε τον έλεγχο των λίγων. Πολλοί άλλοι ήταν ανίκανοι να κάνουν το ίδιο και γι' αυτό διαχωρίστηκαν στα πεδία του αποκρυφισμού, σαν οι αβρααμικές θρησκείες να ήταν κατά κάποιο τρόπο πιο αληθινές από τις άλλες.

Αν υπήρξε ποτέ μια αληθινή θρησκεία στον κόσμο, ήταν σίγουρα αυτή που προερχόταν απευθείας από τους θεούς. Αναφέρομαι στην αιγυπτιακή θρησκεία, από την οποία αντλούν τη γνώση τους όλοι οι κλάδοι του αποκρυφισμού, όπως οι Ροδόσταυροι, οι Μασόνοι και η Wicca. Όλα τα άλλα δημιουργήθηκαν για να ξεγελάσουν τις μάζες, οι οποίες είναι ευαίσθητες στα παραμύθια και τις φανταστικές ιστορίες. Ωστόσο, τα παραμύθια πρέπει να εξελίσσονται με την πάροδο του χρόνου, και οι αβρααμικές θρησκείες αποτελούν μια πιο περίτεχνη, αποτελεσματική και πολύπλοκη φαντασίωση.

Δεν είναι δυνατόν να πείσουμε τους ανθρώπους να αποδεχτούν μια θρησκεία της οποίας τα αφηρημένα νοήματα είναι πολύ μακριά από το περιορισμένο και κοσμικό τους μυαλό. Η θρησκεία πρέπει να βρίσκεται στο ίδιο επίπεδο με τις διανοητικές τους δυνατότητες. Γι' αυτό χάθηκαν τόσες πολλές αλήθειες με την πάροδο του χρόνουδεν ενδιέφεραν πολλούς ή τους επηρέασαν αρνητικά. Εκείνοι που τις εξέφρασαν διώχθηκαν, γελοιοποιήθηκαν και δολοφονήθηκαν. Και τίποτα δεν έχει αλλάξει από τότε- το να μιλάς την αλήθεια εξακολουθεί να αποτελεί στόχο απειλών, προσβολών και δολοφονιών.

Αν χρησιμοποιήσω τα δικά μου βιβλία ως παράδειγμα για να αξιολογήσω αυτές τις δηλώσεις, θα δούμε το ίδιο πράγμα. Οι περισσότεροι άνθρωποι κοιτάζουν αυτά τα βιβλία και μόλις και μετά βίας τα καταλαβαίνουν, ή νομίζουν ότι επινοώ αυτά που ξέρω, ότι δεν μπορώ να είμαι φωτισμένος ή να ξέρω περισσότερα από εκείνους που λατρεύουν, λες και το εγώ τους είναι ο κυρίαρχος της αλήθειας. Πολλοί άνθρωποι που γνωρίζω μου λένε ακόμη ότι δεν μοιάζω με συγγραφέα, πράγμα που είναι πολύ ενδιαφέρον, αφού έχω εκδώσει εκατοντάδες βιβλία και έχω πάνω από εκατό μπεστ σέλερ στο Amazon, πολλά από αυτά νούμερο ένα. Ωστόσο, πιστεύουν ότι τα γεγονότα δεν σημαίνουν τίποτα σε σχέση με τα στερεότυπά τους. Αν η πραγματικότητα δεν είναι πραγματική, παρά μόνο μέσα από το φίλτρο των μαζών, τι μπορούμε να πούμε για τη θρησκεία;

Οι άνθρωποι θέλουν να βάλουν ολόκληρο το σύμπαν σε μια μπίλια που μπορούν να βάλουν στην τσέπη τους και να την ονομάσουν δική τους. Ο εγωισμός τους είναι τόσο μεγάλος που δεν μπορούν να καταλάβουν τίποτα άλλο εκτός από τον εαυτό τους. Στη συνέχεια αποκαλούν τα ψέματά τους αλήθεια και αγνοούν την αλήθεια σαν να ήταν ψέμα. Γιατί λοιπόν είναι τόσο δύσκολο να καταλάβουμε ότι οι εξωγήινοι ενδιαφέρονται περισσότερο να μελετήσουν την άγνοιά μας παρά να επικοινωνήσουν μαζί μας; Ενδιαφέρονται να μελετήσουν την ηλιθιότητά μας επειδή δεν υπάρχουν πολλοί άνθρωποι στη Γη με το μυαλό να λαμβάνουν σχετικές και αποτελεσματικές αποφάσεις για το σύνολο της κοινωνίας. Ωστόσο, κανένας ηγέτης δεν μπορεί να κάνει περισσότερα από αυτά που οι άνθρωποι είναι πρόθυμοι να αποδεχτούν και να κατανοήσουν. Στην πραγματικότητα, η κοινωνία δεν υποστηρίζει ποτέ αυτά τα άτομα, ούτε καν όταν εμφανίζονται δημόσια. Αντίθετα, οι άνθρωποι επιλέγουν ηγέτες που ανταποκρίνονται στις προσδοκίες τους. Αν μπορούσα να επιλέξω το επάγγελμά μου, προφανώς δεν θα μπορούσα να γίνω συγγραφέας.

Η συντριπτική πλειονότητα των ανθρώπων δεν έχει την ικανότητα να βλέπει την πραγματικότητα και την αλήθεια στο σύνολό τους, και αυτό είναι που χαρακτηρίζει τον διαφωτισμό: η ικανότητα να βλέπεις τα πράγματα όπως είναι. Όταν οι άνθρωποι απομακρύνονται από την πραγματικότητα για να μείνουν στη δική τους φούσκα και δεν μπορούν να αντιμετωπίσουν τα σάπια γεγονότα και τα αηδιαστικά πράγματα που συμβαίνουν στο μυαλό των άλλων ανθρώπων, δεν μπορούν να διαφωτιστούν. Πολλοί θα έλεγαν ότι θα ήθελαν να διαβάσουν το μυαλό των άλλων ανθρώπων, αλλά θα τους προκαλούσε κατάθλιψη να μάθουν τι συμβαίνει στο μυαλό τους. Πολλοί θα έλεγαν ότι δεν είναι όλοι έτσι και ότι υπάρχουν πολλοί καλοί άνθρωποι στον κόσμο, αλλά ακόμα κι αν αυτό είναι αλήθεια, δεν καλλιεργείτε ένα ολόκληρο χωράφι με πατάτες για να βγάλετε μία καλή ανάμεσα σε όλες τις σάπιες.

Κεφάλαιο 3:
Η άγνοια
διαπερνάται

Τα τελευταία χρόνια έχουν έρθει στο φως πολλές αλήθειες. Τις τελευταίες δεκαετίες, έχουμε ευλογηθεί με έναν τεράστιο πλούτο πληροφοριών, μεγάλο μέρος του οποίου προέρχεται από αρχαιολογικές ανακαλύψεις και την ανάκτηση χαμένων βιβλίων. Παρ' όλα αυτά, εξακολουθούμε να έχουμε πολλούς ψεύτες στον κόσμο, και έχουν μεγάλη δύναμη για να διασφαλίσουν ότι οι άνθρωποι δεν θα έχουν πρόσβαση σε αυτά που έχουν ανακαλυφθεί. Το πρόβλημα με τις αντιφατικές πληροφορίες είναι ότι αφήνουν όσους έχουν έναν δυϊστικό τρόπο ανάλυσης της πραγματικότητας ακόμα πιο μπερδεμένους. Εφόσον δεν καταλαβαίνουν τι είναι αντιφατικό, δεν μπορούν να σκεφτούν μόνοι τους, λόγω της δικής τους πνευματικής φτώχειας, η οποία βασίζεται σε ένα εκπαιδευτικό σύστημα που κατηχεί, διαχωρίζει και κάνει διακρίσεις σε βάρος όσων σκέφτονται ανεξάρτητα.

Η πλειονότητα του πληθυσμού στερείται διάκρισης, αναλυτικής ικανότητας και θάρρους να είναι διαφορετική, και χωρίς αυτό δεν μπορεί να δει την αλήθεια μπροστά του. Όταν συναντούν κάποιον σαν εμένα, νομίζουν ότι είμαι ο ψεύτης και ότι όλα όσα έχουν ακούσει πριν είναι η αλήθεια. Λόγω της διπλής νοοτροπίας των μαζών, πρέπει να εξετάζουν τα κομμάτια ως σύνολο και να επιλέγουν μια πλευρά, γιατί δεν μπορούν να αναλύσουν τίποτα που τους φέρνει σε κατάσταση γνωστικής ασυμφωνίας. Οι ψυχοπαθείς σε αυτόν τον πλανήτη το γνωρίζουν αυτό και έτσι καταστρέφουν την αξιοπιστία οποιασδήποτε νέας πληροφορίας προωθώντας αυτή την ασυμφωνία.

Για παράδειγμα, όταν η ιβερμεκτίνη προτάθηκε ως θεραπεία για τον κοροναϊό, οι άπληστοι, φοβούμενοι μήπως χάσουν τα κέρδη που έβγαζαν από την άγνοια των μαζών, έσπευσαν να ισχυριστούν ότι δεν υπήρχαν επιστημονικές αποδείξεις για την αποτελεσματικότητά της και ότι ήταν καταλληλότερη για τη θεραπεία των αλόγων. Αυξάνοντας τη γνωστική ασυμφωνία των μαζών, κατάφεραν εύκολα να καταστρέψουν την αξιοπιστία αυτού του φθηνού, αποτελεσματικού και βραβευμένου φαρμάκου.

Το πρόβλημα με την άγνοια είναι ότι προστατεύει τον εαυτό της από το να εξαφανιστεί ενισχύοντας το εγώ. Οι αδαείς συγχωνεύουν πάντα την προσωπικότητά τους με την άγνοιά τους. Και όταν αυτή η άγνοια απειλείται, την υπερασπίζονται σαν να πρόκειται για πόλεμο επιβίωσης. Σε αυτή την κατάσταση του νου, πολλοί γίνονται βίαιοι, ακόμη και όταν η βία δεν είναι δικαιολογημένη. Στο παρελθόν, οι άνθρωποι πολεμούσαν για να προστατεύσουν τη ζωή τους- τώρα, πολεμούν συνέχεια για να είναι ηλίθιοι και ανώριμοι.

Οι προφήτες που ήρθαν στη Γη ήθελαν να διαλύσουν αυτή τη βλακεία, αλλά τι έκαναν οι μάζες; Συγκεντρώθηκαν σε μικρές ομάδες όπου μπορούσαν να καλλιεργήσουν και να διατηρήσουν τις φαντασιώσεις τους ως ένα αδιαπέραστο σώμα πεποιθήσεων που ονομάζεται θρησκεία. Το πραγματικό πρόβλημα με τη θρησκεία είναι ότι, ανεξάρτητα από το πόσο ανοιχτά ισχυρίζονται ότι είναι τα μέλη της, μόλις τους αποδείξεις ότι κάνουν λάθος, γελοιοποιείσαι, προσβάλλεσαι και εξοστρακίζεσαι. Είναι ανοιχτοί σε σημείο που είσαι αρκετά ηλίθιος για να μην κάνεις ερωτήσεις που δεν μπορούν να απαντήσουν. Αυτό είναι το όριο της ενσυναίσθησης τους.

Θα ήταν σαν να συναντάς έναν ψυχοπαθή και να περιμένεις να είναι ευγενικός. Ο ψυχοπαθής θα είναι ευγενικός εφόσον υπάρχουν συνέπειες για τη συμπεριφορά του. Στην πραγματικότητα, είναι μόνο ο φόβος της τιμωρίας που κρατά την κοινωνία κάτω από την φαινομενική ψευδαίσθηση της τάξης. Αν τα ΑΤΜ σταματούσαν ξαφνικά να φτύνουν χρήματα και η αστυνομία και ο στρατός εξαφανίζονταν ταυτόχρονα, θα γινόταν μάρτυρας του πιο βίαιου χάους στην ιστορία. Άνθρωποι σαν εμένα βρίσκονται σε αυτόν τον πλανήτη για να διασφαλίσουν ότι η συνείδηση θα ανέλθει σε ένα επίπεδο όπου αυτό δεν θα μπορεί να συμβεί, αλλά υπάρχει πολύς δρόμος να διανυθεί μέχρι να φτάσουμε σε αυτή την κατάσταση.

Υπάρχει μόνο μία αλήθεια και υπάρχουν πολλοί τρόποι για να την φτάσουμε, όπως ακριβώς υπάρχουν πολλοί τρόποι για να πούμε τις ίδιες λέξεις σε διαφορετικές γλώσσες. Σε κάθε γλώσσα, βρίσκουμε διαφορετικά νοήματα και δομές προτάσεων, αλλά η πρόθεση μπορεί να παραμείνει η ίδια, όπως ακριβώς συμβαίνει και με την αλήθεια. Αυτοί που λένε την αλήθεια έλεγαν πάντα το ίδιο πράγμα, αν και σύμφωνα με τις γλώσσες και το επίπεδο κατανόησης της εποχής τους. Για τον λόγο αυτό, είναι φυσικό να δυσκολευόμαστε να κατανοήσουμε τα νοήματα του παρελθόντος. Οι λέξεις χρησιμοποιούνταν σύμφωνα με τη σημασία που είχαν για τους ανθρώπους εκείνης της εποχής.

Όταν μιλάμε για επίγνωση, αναφερόμαστε επίσης σε έννοιες όπως η σαφήνεια της κατανόησης, η εφαρμογή και η πρόθεση. Αυτά τα τρία στοιχεία πρέπει να είναι παρόντα για να υπάρξει πραγματικά επίγνωση, επειδή υπερβαίνει τον χρόνο, τη γλώσσα και τις πολιτισμικές διαφορές. Όταν αυτά τα στοιχεία δεν είναι παρόντα, το αποτέλεσμα είναι η εθιστική κατάσταση ύπνωσης που παίρνουν οι άνθρωποι από τις θρησκείες που ακολουθούν. Ο λόγος για τον οποίο η θρησκεία συλλαμβάνεται και παρουσιάζεται ως ναρκωτικό για όσους αναζητούν έναν εθισμό στην άνοιά τους είναι ακριβώς αυτή η έλλειψη διαύγειας.

Φυσικά, από ανθρώπους με τέτοιες συμπεριφορές δεν μπορεί να περιμένει κανείς να βρουν σαφήνεια, πόσο μάλλον επίγνωση. Και αυτός είναι ο λόγος για τον οποίο η θρησκεία χτίζεται γύρω από το δόγμα, αν και το πρόβλημα δεν είναι τόσο το δόγμα όσο η στάση των οπαδών. Δεν μπορείτε να συζητήσετε τους λόγους του Πλάτωνα με κάποιον που είναι μαστουρωμένος με ηρωίνη, όπως δεν μπορείτε να διαφωνήσετε με έναν οπαδό των Αβρααμικών θρησκειών.

Κεφάλαιο 4: Τυφλή πίστη

Κάποτε συνάντησα στους δρόμους της Ευρώπης έναν πιστό οπαδό του Ινδουισμού. Ήταν πρόθυμος να μου πουλήσει την Μπαγκαβάντ Γκίτα, ένα βιβλίο που είχα διαβάσει πάνω από πέντε φορές. Όταν του το είπα, με κοίταξε με δυσπιστία. Ακόμη και όταν του ανέφερα ότι είχα γράψει γι' αυτό, δεν έδωσε καμία σημασία. Ήταν τόσο μεθυσμένος από τη θρησκεία του που δεν μπορούσε να ακούσει κανέναν που ισχυριζόταν ότι είχε εξηγήσει το αγαπημένο του βιβλίο. Μου είπε ότι έψαχνε για απαντήσεις σε όλη του τη ζωή και είχε διαβάσει πολλά βιβλία, αλλά δεν άκουγε τα σχόλιά μου για το θέμα. Τι του συμβαίνει; Έχει τυφλωθεί από τις δικές του ψευδαισθήσεις. Είναι τυφλωμένος από τις δικές του πεποιθήσεις. Οι απαντήσεις που ψάχνει δεν είναι τόσο μακριά.

Οι άνθρωποι συχνά ξεχνούν ότι εκείνοι που θέλουν να διδάξουν μπορούν να είναι οι πιο σοφοί δάσκαλοί τους. Αν οι απαντήσεις του ήρθαν μέσω ενός ατόμου που περνάει από τον ίδιο δρόμο όπου θέλει να πουλήσει το βιβλίο του, αλλά αυτός δεν μπορούσε να το δει αυτό και επέμενε να μου πουλήσει ένα βιβλίο που είχα ήδη διαβάσει πολλές φορές, τότε δεν υπάρχει ελπίδα γι' αυτόν. Θα μπορούσα να πω ότι αυτός ο άνθρωπος είναι αδαής, αλλά η έλλειψη επίγνωσης είναι άγνοια που εκδηλώνεται από μια ψυχή στο σκοτάδι. Είναι ο νους που τυφλώνει το άτομο στη συνειδητοποίηση του προφανή μπροστά στα μάτια του. Το ίδιο συμβαίνει και με εκείνους που έχουν βιβλία αλλά δεν κατανοούν το νόημά τους. Πρέπει να υπάρχει διαύγεια για να φτάσει ο νους στη συνείδηση, και αυτή η διαύγεια προχωρεί με τον χρόνο και τη γνώση, καθώς οι πολιτισμοί γίνονται πιο πολύπλοκοι.

Για να εξελίσσεται η πολυπλοκότητα των νοημάτων μαζί με τους πολιτισμούς του κόσμου, πρέπει να εξελίσσεται παράλληλα και η επικοινωνία. Αυτό δεν σημαίνει ότι η επικοινωνία πρέπει να γίνει πιο σχετική, όπως λανθασμένα υποθέτουν πολλοί μελετητές, αλλά μάλλον πιο ακριβής και μηχανική. Οι λέξεις είναι σαν τα μέρη μιας μηχανής που πρέπει να ενσωματωθούν με το ανθρώπινο μυαλό, δημιουργώντας ένα είδος συμβίωσης κατά την οποία το προβαλλόμενο νόημα αντανακλάται τέλεια στο μυαλό που το λαμβάνει. Ως εκ τούτου, αυτή η αλήθεια μπορεί να προσφερθεί μόνο από κάποιον που μπορεί επίσης να λάβει μια αντανάκλαση από ψηλά, ένα ον που έχει φωτιστεί και αφυπνιστεί από το φως που έχει εισέλθει στο μυαλό του μετά τη συντριβή της προσωπικότητάς του.

Κατά ειρωνικό τρόπο, εκείνοι που είναι πιο έτοιμοι να λάβουν αυτή την αλήθεια δεν είναι εκείνοι που δεν έχουν έρθει ποτέ αντιμέτωποι με τον εαυτό τους, αλλά μάλλον εκείνοι που έχουν αναγκαστεί να ξαναχτίσουν την προσωπικότητά τους πολλές φορές μέσα από τραυματικές εμπειρίες. Μπορεί να μη φαίνεται έτσι σε όσους πάσχουν από κατάθλιψη, αλλά το τραύμα είναι ο πρόδρομος της διαφώτισης. Πρέπει να σπάσεις για να μάθεις πώς να ξαναχτίζεις.

Παρόλο που τα μέσα επικοινωνίας εξελίσσονται μαζί με την κατανόηση του κόσμου - και δεν πρέπει να συγχέουμε την ικανότητα να μιλάμε και να ακούμε με την ικανότητα κατανόησης, η οποία διαφέρει πολύ από άτομο σε άτομο - η αλήθεια παραμένει σταθερή με την πάροδο του χρόνου ως μια ανώτερη κατάσταση οράματος. Αυτό το όραμα μας δείχνει σήμερα αυτό που έβλεπαν χιλιάδες χρόνια πριν οι πιο έμπειροι ιερείς. Οι εμφανείς διαφορές εκδηλώνονται μέσα από ερμηνείες, πολιτικές ατζέντες και παρεμβάσεις από ανώτερες μορφές νοημοσύνης ή εξωγήινης ζωής που προσπάθησαν να χειραγωγήσουν την ανθρωπότητα μέσα από τα κενά που εκδηλώθηκαν στο σκοτάδι των μαζών.

Αυτά τα κενά εντοπίστηκαν σε διάφορα επίπεδα: πνευματική αδυναμία και τάση για αμβλύτητα των αισθήσεων μέσω διαφόρων ναρκωτικών ουσιών, όπως το αλκοόλ- το φάσμα του αόρατου φωτός, το οποίο είναι πολύ ευρύτερο από αυτό που μπορεί να δει το μάτι- και το σύστημα πεποιθήσεων των μαζών, το οποίο εύκολα διαμορφώνεται και χειραγωγείται μέσω του ελέγχου διαφόρων τμημάτων της κοινωνίας. Ωστόσο, σε αυτόν τον τελευταίο τομέα βρίσκουμε το πιο αποτελεσματικό όπλο μαζικού ελέγχου και ύπνωσης, επειδή είναι ευκολότερο να ελέγξεις τις μάζες χωρίζοντάς τες σε διαφορετικές θρησκείες παρά προσπαθώντας να τις κάνεις να ακολουθήσουν μόνο μία. Αυτή είναι η ίδια αρχή που χρησιμοποιούν εταιρείες όπως η Nestlé, η Bayer, η Unilever, η Johnson & Johnson, η Procter & Gamble, η Danone και πολλές άλλες για να ελέγχουν φαρμακευτικές μάρκες και μάρκες τροφίμων. Την ίδια αρχή χρησιμοποιούν οι εταιρείες μέσων κοινωνικής δικτύωσης για να ελέγχουν τις επιλογές των καταναλωτών και να διατηρούν τον έλεγχο αυτό παρά τις ατομικές επιλογές.

Η αλήθεια δεν έχει καμία σχέση με την πίστη, τη φιλοσοφία, τη γνώμη ή τη θρησκεία, αλλά συχνά συγχέεται με αυτές, επειδή τα άπληστα συμφέροντα κρύβονται πίσω από αυτές και πολλές άλλες εγωιστικές εκδηλώσεις του σύγχρονου κόσμου. Στην πραγματικότητα, δεν αποτελεί έκπληξη το γεγονός ότι οι μάρκες προσπαθούν να προσελκύσουν τους καταναλωτές με τις ίδιες αρχές που χρησιμοποιούν οι θρησκείες εδώ και χιλιετίες, όπως η υπόσχεση της σωτηρίας μέσω της κατανάλωσης. Πάρτε για παράδειγμα την Coca-Cola: οι κλασικές διαφημιστικές καμπάνιες της προωθούν την ενότητα και την αρμονία, που μοιάζουν πολύ με τα θρησκευτικά μηνύματα της ειρήνης και της συντροφικότητας. Η Apple είναι γνωστή για τη χρήση θρησκευτικών εικόνων και γλώσσας στη διαφήμισή της. Οι ευαγγελιστές της μάρκας κηρύττουν το ευαγγέλιο του Steve Jobs και οι χρήστες συχνά θεωρούνται μαθητές. Η αφοσίωση στη μάρκα μοιάζει με θρησκεία.

Όσον αφορά τους τομείς των τροφίμων και των φαρμάκων, πολλοί έχουν πιαστεί να προωθούν φάρμακα για τις ίδιες ασθένειες που προκαλούνται από τα δικά τους προϊόντα. Η Nestlé, για παράδειγμα, έχει επικριθεί για την εμπορία βρεφικών τροφών με τρόπο που αποθαρρύνει το θηλασμό, προκαλώντας προβλήματα υγείας στα μωρά, ενώ παράλληλα προσφέρει «λύσεις» μέσω των άλλων προϊόντων της. Ομοίως, η PepsiCo, στην οποία ανήκουν οι εταιρείες Pepsi και Frito-Lay, έχει κατηγορηθεί ότι προωθεί τον ανθυγιεινό τρόπο ζωής μέσω των ζαχαρούχων ποτών και σνακ, συμβάλλοντας στην παχυσαρκία και τα συναφή προβλήματα υγείας, ενώ προσφέρει προϊόντα όπως η Quaker Oats, τα οποία προωθούνται ως πιο υγιεινές εναλλακτικές λύσεις. Στον φαρμακευτικό τομέα, η Johnson & Johnson έχει αντιμετωπίσει αγωγές που υποστηρίζουν ότι τα προϊόντα της σε σκόνη ταλκ περιέχουν αμίαντο, ο οποίος μπορεί να προκαλέσει καρκίνο, ενώ ταυτόχρονα παράγει φάρμακα για τη θεραπεία της νόσου.

Οι εταιρείες μέσων κοινωνικής δικτύωσης, όπως το Facebook, χρησιμοποιούν αλγόριθμους για να ελέγχουν τις πληροφορίες που βλέπουν οι χρήστες, δημιουργώντας θαλάμους απήχησης που ενισχύουν τις υπάρχουσες πεποιθήσεις και χειραγωγούν τις απόψεις. Αυτό είναι παρόμοιο με τον τρόπο που τα θρησκευτικά ιδρύματα ελέγχουν τις αφηγήσεις για να διατηρήσουν την επιρροή τους. Το Facebook, για παράδειγμα, έχει επικριθεί για το γεγονός ότι επιτρέπει τη διάδοση παραπληροφόρησης και διχαστικού περιεχομένου, το οποίο μπορεί να πολώσει τους χρήστες και να τους κάνει πιο ευάλωτους στη χειραγώγηση. Ωστόσο, το χειρότερο λάθος που μπορεί να κάνει κάποιος είναι να παραιτηθεί και να αποδεχτεί ότι η αλήθεια είναι σχετική. Είναι σύνηθες για τους ανθρώπους να το κάνουν αυτό ακριβώς επειδή είναι ευκολότερο να παραδοθούν και να παραιτηθούν από το να αγωνιστούν ενάντια σε τόσα ισχυρά συμφέροντα και τις ανεγκέφαλες μάζες.

Ωστόσο, δεν μπορείτε να σταματήσετε να βλέπετε αυτό που έχετε ήδη δει, ειδικά αν δεν έχετε φτιαχτεί για να είστε ένας άμυαλος σκλάβος. Καθώς αφυπνίζεστε και γίνεστε πιο συνειδητοί, γίνεστε ικανοί να δείτε πράγματα που δεν μπορείτε να σταματήσετε να βλέπετε, εκτός αν είστε πρόθυμοι να επιστρέψετε σε ένα προηγούμενο στάδιο ανάπτυξης. Γι' αυτό πιστεύω ότι, παρόλο που καμία θρησκεία δεν μπορεί να γίνει αποδεκτή, θα πρέπει να μελετηθούν όλες, γιατί μπορεί να μπεις σε κατάσταση απόλυτης σύγχυσης όταν περνάς μέσα από τις επαγόμενες νοητικές καταστάσεις που προκύπτουν από τους μηχανισμούς κάθε θρησκείας, αλλά επίσης ανακαλύπτεις περισσότερες εγκάρσιες αλήθειες όταν συγκρίνεις διαφορετικούς τρόπους παρουσίασης των ίδιων πληροφοριών.

Πιστεύω ότι η τεχνολογία μας βοηθά να φτάσουμε πιο γρήγορα σε αυτό το στάδιο, καθώς τα πολλά ψέματα των αβρααμικών θρησκειών γίνονται όλο και πιο εμφανή και ευκολότερα εντοπίσιμα. Ωστόσο, αυτή η τεχνολογία δεν θα ήταν δυνατή χωρίς τα μυαλά που τη δημιούργησαν, πράγμα που σημαίνει ότι οι άνθρωποι έχουν γίνει πιο αποτελεσματικοί στο να αμφισβητούν τον εαυτό τους και τις πεποιθήσεις τους, αλλά και πιο χειραγωγημένοι από ποτέ. Αυτό δημιουργεί την ψευδαίσθηση ότι γνωρίζουμε πολλά, αλλά στην πραγματικότητα δεν γνωρίζουμε τίποτα. Αυτός είναι ο λόγος για τον οποίο πολλοί άνθρωποι σήμερα είναι γεμάτοι από απόλυτες βεβαιότητες για πράγματα που δεν είναι παρά ψέματα. Η αφθονία των επαναλαμβανόμενων και χειραγωγημένων πληροφοριών δημιουργεί αυτή την ψευδαίσθηση σε μεγάλη κλίμακα.

Εν τω μεταξύ, κανένα από τα μεγάλα μοντέλα τεχνητής νοημοσύνης που είναι σήμερα διαθέσιμα δεν μου επέτρεψε να επεξεργαστώ αυτό το χειρόγραφο, ακριβώς επειδή είναι τόσο αμφιλεγόμενο και αντιτίθεται στην κυρίαρχη αφήγηση που λένε στους ανθρώπους να πιστεύουν. Αυτό σημαίνει ότι, αν και η τεχνολογία μπορεί να βοηθήσει τον πολιτισμό, θα χειραγωγήσει επίσης την κατεύθυνση που θα πάρει, ανάλογα με τις αποφάσεις εκείνων που βρίσκονται στην εξουσία.

Κεφάλαιο 5: Η αφύπνιση της συνείδησης

Βλέπουμε μόνο ό,τι είμαστε πρόθυμοι να δούμε, πράγμα που σημαίνει ότι οι μάζες δεν είναι ακόμη έτοιμες να απορροφήσουν τις απαντήσεις στα πολλά ερωτήματα που θέτουν στον εαυτό τους. Αυξάνουμε την ικανότητά μας να αντιμετωπίζουμε και να παρατηρούμε την πραγματικότητα καθώς αποκτούμε περισσότερη γνώση και εμπειρία. Για να αυξήσουμε την ικανότητά μας να βιώνουμε, πρέπει να ζούμε πιο έντονα, να κοιμόμαστε λιγότερο και να αλληλεπιδρούμε περισσότερο με τους αδαείς του κόσμου, χωρίς να τους επιτρέπουμε να μας επηρεάζουν και να μας αφαιρούν την εσωτερική αίσθηση του σκοπού μας, επειδή οι μάζες ελέγχονται από δυνάμεις πέρα από τη συνείδησή τους.

Όσο περισσότερο προχωράτε στη συνειδητότητα, τόσο περισσότερο η κοινωνία θα προσπαθεί να σας σταματήσει και να σας σύρει στο επίπεδο συνειδητότητας των μαζών, γιατί αυτή είναι η δονητική φύση της πραγματικότητας στον πλανήτη. Αυτή η ανώτερη συνείδηση για την οποία μιλάω μπορεί να επιτευχθεί φυσικά μόνο αν ζήσουμε αρκετά και αποκτήσουμε μια φυσική αποφασιστικότητα, που χτίζεται από χρόνια ανθεκτικότητας και άμεσης εμπειρίας με τον κόσμο. Αυτός είναι ένας από τους λόγους για τους οποίους τόσοι πολλοί άνθρωποι θέλουν να ζήσουν περισσότερο. Αν μπορούσαμε να ζήσουμε 500 χρόνια, πολλά από τα πράγματα που είπα θα ήταν εύκολο να τα δούμε. Η ιστορία θα γινόταν κατανοητή όπως είναι, όχι όπως λέγεται, και τα περισσότερα βιβλία δεν θα ήταν απαραίτητα για την κατανόηση του κόσμου, επειδή τα περισσότερα από αυτά που γράφονται θα θεωρούνταν κοινή λογική.

Ο σκοπός της γνώσης οδηγεί σε καλύτερη σκέψη, και η καλά προετοιμασμένη σκέψη οδηγεί σε υψηλότερη συνείδηση, η οποία μας βοηθά να αποκτήσουμε γνώσεις. Ωστόσο, αυτό συμβαίνει μόνο με την αληθινή γνώση, η οποία μπορεί να αποκτηθεί μόνο μέσω μιας σωστής αναλυτικής και μεταγνωστικής διαδικασίας της αντιλαμβανόμενης πραγματικότητας. Και δεδομένου ότι όσο περισσότερα βλέπουμε, τόσο λιγότερα χρειάζεται να γνωρίζουμε, υπάρχει άμεση συσχέτιση μεταξύ του να είμαστε φωτισμένοι, μορφωμένοι, να έχουμε επίγνωση της φύσης του κόσμου και να μπορούμε να αντιμετωπίσουμε τη σκληρή πραγματικότητα της ζωής. Το μυστικό της ανώτερης κατανόησης παραμένει κρυφό για τον πληθυσμό, επειδή δεν βρίσκεται σε αυτό που λαμβάνουμε, αλλά στην ικανότητά μας να το επεξεργαζόμαστε μέσω των μηχανισμών της ψυχής μας: την ικανότητά μας να αμφισβητούμε τα ίδια μας τα αποτελέσματα, τις πεποιθήσεις και τις αναλυτικές μας ικανότητες.

Αυτές οι δεξιότητες, αν αναπτυχθούν, αναδύονται αργά στη ζωή και σε συγκεκριμένα πλαίσια, όπως κατά τη συγγραφή μιας διατριβής. Αλλά μέχρι τότε, το μυαλό του υποκειμένου έχει τόσο πολύ πληγεί από τα δογματικά μοντέλα που η διατριβή καταλήγει να αντανακλά τις ίδιες προσδοκίες που χρειάζεται το σύστημα για να διατηρηθεί. Πολλά πράγματα που λαμβάνονται ως αληθινά είναι καλά διατυπωμένα ψέματα. Γι' αυτό ο καθένας μπορεί να φτάσει σε υψηλότερο επίπεδο κατανόησης από τους καλύτερους ακαδημαϊκούς. Στην πραγματικότητα, μερικές από τις μεγαλύτερες ιδιοφυΐες της ιστορίας δεν ήταν ακαδημαϊκοί.

Μέσω της σωστής διάκρισης διακρίνει, απομονώνει και βρίσκει κανείς την αλήθεια, οπότε όποιος εξασκεί αυτές τις δεξιότητες σε καθημερινή βάση μπορεί πραγματικά να την επιτύχει. Ο σκοπός πολλών από όσα είπε ο Βούδας και άλλοι φωτισμένοι άνθρωποι σαν κι αυτόν ήταν να μας διδάξουν να ελέγχουμε το νου για να φτάσουμε σε αυτές τις κατανοήσεις και όχι να τον χρησιμοποιούμε για να ξεφύγουμε από την πραγματικότητα. Έτσι, μέσω της δράσης και της αλληλεπίδρασης, όσοι έχουν προετοιμαστεί να αναγνωρίζουν και να αφομοιώνουν τις χαμηλές καταστάσεις του νου των άλλων μπορούν να ζουν στην κοινωνία χωρίς να επηρεάζονται από αυτές. Ωστόσο, λέγοντας ότι δεν θα επηρεαστούν, δεν εννοώ να αγνοήσουμε ή να απομονώσουμε τις σκέψεις μας ή να καταπιέσουμε τη συνείδησή μας, αλλά να περάσουμε πιο γρήγορα από τις μνήμες και τα συναισθήματα του πόνου από ό,τι οι συνηθισμένοι άνθρωποι, προκειμένου να επιστρέψουμε πιο γρήγορα στην αρχική μας κατάσταση.

Δεν πρέπει να υποφέρουμε ή να αρνούμαστε τον πόνο, αλλά πρέπει να τον περνάμε αποτελεσματικά και θαρραλέα, ξαναχτίζοντας τον εαυτό μας με κάθε ρήγμα στην αυτοπεποίθηση. Έχουμε την τάση να θαυμάζουμε αυτή την ικανότητα ανάκαμψης και ανοικοδόμησης σε μηχανές και συστήματα υπολογιστών, χωρίς να συνειδητοποιούμε ότι θαυμάζουμε αυτό που προσπαθούμε να αναπτύξουμε στον εαυτό μας: την ικανότητα ανοικοδόμησης του εαυτού μας μετά από μια κατάρρευση. Αλλά τώρα που το καταλαβαίνετε αυτό, γίνεται φανερό ότι όσοι λένε ότι περισσότερη γνώση θα σας αφήσει χαμένους είναι ηλίθιοι και δεν πρέπει να τους ακούτε ή να τους λαμβάνετε υπόψη για κανένα σκοπό. Πολλοί από αυτούς τους ανθρώπους είναι καθηγητές πανεπιστημίου, πράγμα που λέει πολλά για τον πραγματικό σκοπό της δουλειάς τους.

Όταν κάποιος που υποτίθεται ότι σας διδάσκει λέει ότι η υπερβολική γνώση είναι κακή, προσπαθεί να σας χειραγωγήσει ή να σας ξεγελάσει με την άγνοια της δικής σας άγνοιας. Πολλοί από αυτούς τους ανθρώπους είναι πολύ επιδέξιοι στο να εξηγούν τη δική τους βλακεία, αλλά αυτή η διδασκαλία δεν έχει καμία σχέση με την αγάπη, τον σεβασμό και την ελευθερία, αλλά με τη δουλεία. Παρόλο που ο κόσμος χρειάζεται περισσότερη εκπαίδευση, αυτό που παράγεται στο σύγχρονο εκπαιδευτικό σύστημα δεν έχει καμία σχέση με αυτό. Το είδος της εκπαίδευσης που χρειάζονται οι άνθρωποι σπάνια παράγεται από τους συνομηλίκους τους. Είναι δύσκολο να βρεις τις απαντήσεις που χρειάζεσαι σε αυτούς που ισχυρίζονται ότι τις έχουν. Αυτός είναι ο λόγος για τον οποίο η πνευματική πρόοδος, με όλες τις απαραίτητες γνώσεις για την αυτογνωσία, μας οδηγεί σε ένα μοναχικό μονοπάτι.

Κεφάλαιο 6: Αποκαλύπτονται οι σαμποτέρ

Κάθε φορά που συναντάτε μια θρησκεία που ισχυρίζεται ότι θέλει να σας εκπαιδεύσει, προσέξτε, γιατί έχετε βρει τον εχθρό σας σε μια ομάδα ανθρώπων. Οι χειρότεροι εχθροί που πρέπει να φοβάστε δεν είναι εκείνοι που απειλούν τη ζωή σας, καθώς είναι εύκολο να τους εντοπίσετε, αλλά εκείνοι που προσπαθούν να αποκτήσουν πρόσβαση στην καρδιά και την ψυχή σας και στη συνέχεια να σας δηλητηριάσουν από μέσα. Αυτοί είναι παρόντες στις περισσότερες θρησκείες του κόσμου, αλλά ακόμη περισσότερο σε εκείνες που απευθύνονται στις μάζες.

Οι μάζες δεν ενδιαφέρονται ποτέ για θρησκευτικές οργανώσεις που τις εκθέτουν γι' αυτό που είναι και διδάσκουν υπευθυνότητα και αυτοκριτική. Στην πραγματικότητα, αμφιβάλλω αν θα βρείτε κάποια με αυτές τις ιδιότητες, γιατί απλά δεν προσελκύουν σχεδόν κανέναν. Μια θρησκεία που αποθαρρύνει τις μάσκες - πραγματικές ή φανταστικές - μεταξύ των οπαδών της θα είναι πάντα μια από τις λιγότερο δημοφιλείς. Αυτό που πραγματικά αναζητούν οι άνθρωποι στη θρησκεία είναι η ανακούφιση από την πνευματική τους κατάσταση, η διαφυγή από την κόλαση, όχι η πραγματική αλλαγή. Έτσι δεν αλλάζουν, διαστρεβλώνουν τις αλήθειες που συναντούν και καταλήγουν να μετενσαρκώνονται για να κάνουν τα ίδια πράγματα που έκαναν και πριν, με όλες τις συνέπειες.

Ένα μεγάλο πρόβλημα με τα κακά άτομα, όπως έχω παρατηρήσει, είναι ότι γίνονται πιο έξυπνα. Καθώς ο κόσμος εξελίσσεται ως προς την πολυπλοκότητά του και τις μεθόδους επικοινωνίας, το κακό μπορεί να βρει περισσότερες εναλλακτικές λύσεις για τα μέσα ελέγχου και καταστροφής του. Αντιμέτωποι με τόση ποικιλομορφία, οι περισσότεροι από εμάς είμαστε απροετοίμαστοι να αντιμετωπίσουμε τις επιθέσεις από τον αόρατο κόσμο. Μόλις τις τελευταίες δεκαετίες αρχίσαμε να αναγνωρίζουμε και να κατανοούμε τους ναρκισσιστές, τους ψυχοπαθείς και τους κοινωνιοπαθείς, αν και πάντα υπήρχαν ανάμεσά μας. Σχεδόν ολόκληρη η ιστορία μας αποτελείται από αυτά τα πλάσματα που συνωμοτούν στο σκοτάδι και προωθούν τις χειρότερες φρικαλεότητες εναντίον ενός αφελλούς πληθυσμού.

Οι πραγματικοί δαίμονες κυκλοφορούν ανάμεσά μας με χαρούμενα χαμόγελα και μιλούν ακόμη και στην τηλεόραση, λέγοντας σε όλους τι να κάνουν, επειδή οι άνθρωποι είναι ακόμη πολύ ηλίθιοι για να τους δουν αυτό που πραγματικά είναι. Έτσι, δεν είναι σοκαριστικό, για παράδειγμα, όταν ο Bill Gates λέει ότι η λύση στο πρόβλημα του υπερπληθυσμού είναι η καλύτερη υγειονομική περίθαλψη και ο εμβολιασμός, αλλά είναι σοκαριστικό όταν χιλιάδες άνθρωποι χειροκροτούν και εμπιστεύονται μια τέτοια τρέλα. Θα ήταν σαν να έλεγα ότι η λύση για τον πονοκέφαλό σας είναι να σας συνθλίψει το κρανίο ένα φορτηγό και να χειροκροτούσατε την ιδέα. Τόσο ηλίθιοι είναι αυτοί οι ανεπτυγμένοι, ανθρωπόμορφοι πίθηκοι που κατοικούν τη Γη.

Πολλοί κακοί άνθρωποι που έχω γνωρίσει προσωπικά, οι οποίοι έχουν καταληφθεί από δαίμονες, έχουν γίνει θεραπευτές και ολιστικοί γιατροί και προσποιούνται ότι βοηθούν τους άλλους, ενώ στην πραγματικότητα καταστρέφουν τους ανθρώπους στο όνομα της βοήθειας, επειδή είναι εύκολο να τους ξεγελάσεις. Οι άνθρωποι είναι πολύ ηλίθιοι για να καταλάβουν τη διαφορά, ειδικά όταν είναι απελπισμένοι. Πολλοί άνθρωποι είναι τόσο αδαείς που βασίζουν τις κρίσεις τους σε συναισθήματα και στερεότυπα και στη συνέχεια εκλογικεύουν αυτά που λαμβάνουν με βάση αυτά που έχουν στον εγκέφαλό τους. Τυφλωμένοι από τον εγωισμό, δεν μπορούν να εξηγήσουν την άγνοιά τους- αντίθετα, την προστατεύουν. Εξηγούν τις φρικαλεότητες και τις καταχρήσεις στον κόσμο με βάση την ανάγκη τους να γίνουν αποδεκτοί ως καλοί άνθρωποι.

Οι μάζες είναι απελπισμένες, χρειάζονται βοήθεια, μια αίσθηση του ανήκειν και της παρηγοριάς. Ως αποτέλεσμα, σε ακραίες περιπτώσεις, πηγαίνουν σε έναν θεραπευτή που λέει ωραία λόγια αλλά τους βλάπτει ακόμη περισσότερο. Πολλοί έχουν υποστεί ανεπανόρθωτη σωματική, διανοητική και συναισθηματική βλάβη. Είναι πολύ διαλυμένοι για να βοηθηθούν, και από εκεί προέρχονται οι αυξανόμενες στατιστικές αυτοκτονιών. Κατά τη γνώμη μου, αυτό γίνεται πάρα πολύ συνηθισμένο, αλλά λίγοι φαίνεται να βλέπουν τους συσχετισμούς. Δεν χρειάζεται να ανησυχείτε για τους μάγους, τις μάγισσες ή τους σατανιστές. Πρέπει να ανησυχείτε, πολύ, για τους θεραπευτές και τους γιατρούς που, κρυπτόμενοι πίσω από τα επαγγέλματα βοήθειας, δολοφονούν ανθρώπους, είτε δίνοντάς τους λάθος φάρμακα είτε υποκινώντας τους να αυτοκτονήσουν.

Έχω δει συχνά γιατρούς να δίνουν σε ανθρώπους συμβουλές που τους κάνουν να πεθαίνουν γρηγορότερα. Αυτό γίνεται όλο και πιο συνηθισμένο στις μέρες μας. Στην πραγματικότητα, όταν ανακαλύφθηκε ο κοροναϊός, μπορούσαμε να δούμε πόσο εύκολα πολλοί θα μπορούσαν να πουν ψέματα για να διατηρήσουν τη δουλειά τους. Πολλοί γιατροί, νοσηλευτές και ιολόγοι είπαν ψέματα στο κοινό σχετικά με αυτόν τον ιό και τις θεραπείες, επειδή δεν ήθελαν να πάνε κόντρα στις εντολές τους. Πολύ λίγοι τόλμησαν να πάνε κόντρα στην επικρατούσα τάση και να πουν την αλήθεια, και όσοι το έκαναν δέχτηκαν κριτική, διακρίσεις και, σε πολλές περιπτώσεις, έχασαν τις άδειες εργασίας τους και διαγράφηκαν οι λογαριασμοί τους στα μέσα κοινωνικής δικτύωσης. Η συζήτηση για μια από τις πραγματικές θεραπείες για τον ιό, την ιβερμεκτίνη, λογοκρίθηκε αυστηρά και τιμωρήθηκε. Επιστρέψαμε στον Μεσαίωνα, στο κυνήγι μαγισσών και στη λογοκρισία της αλήθειας. Βλέπετε πόσο εύκολο ήταν;

Οι σημερινοί άνθρωποι δεν διαφέρουν πολύ από εκείνους του παρελθόντος. Στην πραγματικότητα, είναι οι ίδιοι. Δεν έχουν εξελιχθεί αρκετά. Οι θάνατοι που οφείλονται σε ιατρική αμέλεια, άγνοια ή κέρδος είναι πολύ πιο συνηθισμένοι από ό,τι αντιλαμβανόμαστε. Πολλοί άνθρωποι επίσης δεν θέλουν να πιστέψουν ότι τα νοσοκομεία έλαβαν μπόνους για τη διάγνωση του κορονοϊού και τη συνταγογράφηση ορισμένων θεραπειών. Ωστόσο, η κατάσταση αυτή δεν είναι καινούργια. Πολλοί άνθρωποι έχουν διαγνωστεί λανθασμένα με καρκίνο και έχουν υποβληθεί σε χημειοθεραπεία με σκοπό το κέρδος. Το ίδιο ισχύει και για πολλές περιττές χειρουργικές επεμβάσεις και φάρμακα που δεν θα έπρεπε να συνταγογραφούνται, αλλά τα οποία πλουτίζουν τις φαρμακευτικές εταιρείες και τους γιατρούς που τα προωθούν.

Το μονοπάτι προς την αληθινή διαφώτιση και την πνευματική ανάπτυξη είναι γεμάτο από κρυφούς εχθρούς που προσπαθούν να ελέγξουν και να χειραγωγήσουν. Είναι απαραίτητο να παραμένουμε σε επαγρύπνηση και διάκριση, αμφισβητώντας τα κίνητρα εκείνων που ισχυρίζονται ότι προσφέρουν βοήθεια και καθοδήγηση. Μόνο μέσω της κριτικής σκέψης και της βαθιάς κατανόησης του κόσμου μπορούμε να περιηγηθούμε στο πολύπλοκο τοπίο της πνευματικότητας και να αποφύγουμε τις παγίδες που στήνουν εκείνοι που εκμεταλλεύονται τα τρωτά μας σημεία.

Κεφάλαιο 7:
Η απάτη
ξεσκεπάζεται

Μακάρι να μπορούσα να πω ότι όλα είναι σχετικά, όπως θέλουν να πιστεύουν μερικοί άνθρωποι, αλλά δεν είναι. Το καλό και το κακό είναι πολύ πραγματικά. Έχω παρατηρήσει αυτές τις δυνάμεις να δρουν σε απροσδόκητες ομάδες της κοινωνίας. Εκτός από το να προσποιούνται ότι είναι αόρατοι, μια άλλη στρατηγική που χρησιμοποιούν αυτοί οι δαίμονες ανάμεσά μας είναι να δημιουργούν σύγχυση, και δεν υπάρχει μεγαλύτερη σύγχυση από εκείνη που προωθείται από την ιδέα της ηθικής ανωτερότητας μέσω της διαστρέβλωσης ιστορικών, κοινωνικών και πολιτιστικών γεγονότων. Η αλήθεια για την ιστορία μας παραμένει κρυμμένη σχεδόν σε κάθε τομέα, ανεξάρτητα από το πόσο προηγμένη μπορεί να είναι η επιστήμη.

Αν η αλήθεια γινόταν γνωστή, ολόκληρος ο κόσμος θα έπρεπε να αναδιαμορφωθεί, να αναδιοργανωθεί και να αναπροσαρμοστεί, πράγμα που θα σήμαινε ότι πολλοί άνθρωποι θα έχαναν τη δουλειά τους, πολλά βιβλία θα έπρεπε να ξαναγραφούν και πολλά άλλα θα απορρίπτονταν ως παρωχημένες ιδέες και αναλήθειες. Ωστόσο, όταν τα ψέματα είναι ευρέως διαδεδομένα, γίνονται πιο εύκολα αποδεκτά και προστατεύονται από την προθυμία να δεχτούμε την αλήθεια. Πολύ λίγοι άνθρωποι, σε οποιαδήποτε στιγμή της ιστορίας, ήταν πρόθυμοι να δεχτούν μια ανώτερη αλήθεια από αυτήν που προωθούσε η κοινωνία τους.

Πολλοί άνθρωποι, για παράδειγμα, πιστεύουν ότι οι θεοί της Αιγύπτου και ο Θεός του Ισραήλ δεν είναι το ίδιο, αλλά αυτή η υπόθεση πηγάζει από θρησκευτικές παρερμηνείες. Πολλά θρησκευτικά βιβλία είναι αντίγραφα το ένα του άλλου και, στην πραγματικότητα, δεν υπάρχει διαφορά παρά μόνο στη γνώμη. Η μεγάλη διαφορά μεταξύ των θρησκευτικών μας ερμηνειών βασίζεται στην πραγματικότητα μόνο στις απόψεις εκείνων που είναι πλέον σκελετοί, στάχτες και σκόνη.

Πολλές από τις διαφορές και τις διαιρέσεις στις σημερινές θρησκείες θα μπορούσαν εύκολα να αφομοιωθούν αν αναλύαμε τις περιγραφές τους με έναν πιο ολοκληρωμένο τρόπο. Ωστόσο, αυτό θα σήμαινε επίσης την ενοποίησή τους, η οποία θα καταργούσε τη νομιμοποίηση του διαχωρισμού τους και τους ισχυρισμούς υπεροχής της καθεμιάς έναντι των άλλων ομάδων. Με άλλα λόγια, αν οι θρησκείες ενώνονταν, θα κατέστρεφαν η μία την άλλη και θα έχαναν τους φανατικούς οπαδούς τους, αλλά αυτό δεν συμβαίνει. Είναι ευκολότερο να δολοφονήσεις αυτούς τους οπαδούς παρά να τους κάνεις να εγκαταλείψουν τις ιδεολογίες τους, και αυτή ήταν στην πραγματικότητα η μοίρα πολλών θρησκευτικών ομάδων, συμπεριλαμβανομένων εκείνων που λατρεύουν τον ίδιο Θεό.

Είναι ενδιαφέρον να δούμε πώς ο βιβλικός Θεός, για παράδειγμα, οδήγησε ομάδες ανθρώπων που υποτίθεται ότι τον εμπιστεύονταν και τον λάτρευαν σε ένα σφαγείο, εξοντώνοντας ολόκληρους πληθυσμούς, συμπεριλαμβανομένων γυναικών και παιδιών. Και για ποιο λόγο; Αν οι Εβραίοι ήταν σκλάβοι των Αιγυπτίων και ο Μωυσής, ο οποίος ισχυριζόταν ότι ήταν ένας ηγέτης εμπνευσμένος από τον Θεό, ανατράφηκε από τους Αιγυπτίους, τότε ανατράφηκε στη θρησκεία τους. Οι ηγέτες και των δύο ομάδων, γνωστοί συλλογικά ως «Αδωνάι», που σημαίνει «οι άρχοντές μου» ή «κύριοι» - ερμηνεύονται επίσης στη Βίβλο ως Ελοχίμ, ως εκείνοι που κατέβηκαν από τον ουρανό - δεν είναι διαφορετικοί θεοί, αλλά μια συλλογικότητα που παρουσιάζεται ως μία.

Γιατί λοιπόν ο Μωυσής να προωθήσει κάτι άλλο από αυτό που είχε μελετήσει; Δεν προώθησε κανένα τέτοιο πράγμα! Ο Μωυσής «έμαθε όλη τη σοφία των Αιγυπτίων» (Πράξεις 7:20-22) και, με τη βοήθεια των όντων που αντιπροσωπεύονται συλλογικά ως Ιεχωβά, άρχισε να διαδίδει μια νέα ιδεολογία για την παραγωγή καλύτερων δούλων. Η ιδέα αυτή δεν στρεφόταν εναντίον των Αιγυπτίων φαραώ, αλλά σχεδιάστηκε από τους ίδιους τους Αιγυπτίους. Ο Αιγύπτιος αρχιερέας Μανέθων (περ. 300 π.Χ.) ισχυρίζεται ότι ο Μωυσής έλαβε μεγάλο μέρος της θρησκευτικής του εκπαίδευσης υπό τον Αχνατόν, τον φαραώ που πρωτοστάτησε στον μονοθεϊσμό.

Ο Μωυσής υπηρέτησε ως αρχιερέας υπό τον Αμενχοτέπ IV και αργότερα επιλέχθηκε από τους Εβραίους ως ηγέτης τους. Ως αποτέλεσμα, έπεισε τον λαό του για την επιστήμη και τη φιλοσοφία που είχε λάβει στα αιγυπτιακά μυστήρια και για τον τρόπο με τον οποίο είχε διδαχθεί. Με άλλα λόγια, το δόγμα του «ενός Θεού» που δίδαξε ήταν η αιγυπτιακή ερμηνεία της Νέας Εποχής. Οι Αιγύπτιοι γνώριζαν και έγραφαν ότι οι «θεοί» τους (και όχι ο ένας Θεός) ταξίδευαν με «ιπτάμενα σκάφη» στους ουρανούς. Περιέγραφαν επίσης τους θεούς τους στις πρώτες μέρες (και πριν από τους πολλούς μύθους που τους περιέγραφαν ως μισούς ανθρώπους και μισούς ζώα) ως ανθρώπους με σάρκα και οστά, με τις ίδιες ανάγκες για τροφή και στέγη με τους ανθρώπους. Στην Αίγυπτο χτίστηκαν ακόμη και σπίτια γι' αυτούς, και τα σπίτια αυτά είχαν ανθρώπινους υπηρέτες που αργότερα έγιναν οι πρώτοι ιερείς της χώρας.

Σύμφωνα με τον διάσημο ιστορικό James Henry Breasted, οι πρώτοι υπηρέτες των αιγυπτιακών θεών ήταν λαϊκοί άνθρωποι που εκτελούσαν τα καθήκοντά τους χωρίς τελετές και τελετουργίες. Η δουλειά τους ήταν απλώς να παρέχουν στους θεούς τις ανάγκες και τις πολυτέλειες που είχε ένας πλούσιος, υψηλόβαθμος Αιγύπτιος εκείνη την εποχή: άφθονο φαγητό και ποτό, ωραία ρούχα, μουσική και χορό. Οι πολλές αλλαγές που παρατηρήθηκαν στην αιγυπτιακή θρησκεία σχετίζονταν με το γεγονός ότι αυτοί οι ηγεμόνες δεν είχαν καλή εκτίμηση από τον λαό. Το Παλαιό Βασίλειο (περ. 2685-2180 π.Χ.) διαδέχθηκε μια περίοδος αδυναμίας και αναταραχής. Στη Μεγάλη Πυραμίδα του Χέοπα εισέβαλαν δυσαρεστημένοι Αιγύπτιοι οι οποίοι, σύμφωνα με τον ιστορικό Ahmed Fakhry, «μισούσαν τους κατασκευαστές των πυραμίδων τόσο πολύ που απείλησαν να μπουν σε αυτούς τους μεγάλους τάφους και να καταστρέψουν τις μούμιες των βασιλέων».

Κεφάλαιο 8:
Η Έξοδος επανεξετάζεται

Όταν εξετάζουμε τις αλλαγές που έγιναν στην αιγυπτιακή θρησκεία για να δημιουργηθεί η ιδέα ενός παντοδύναμου, αόρατου Θεού προκειμένου να εμπνεύσει φόβο και υπακοή, μπορούμε να αμφισβητήσουμε πολλά από όσα περιγράφονται στη Βίβλο και στην εβραϊκή πίστη. Ειδικά από τη στιγμή που, όπως έχουν ανακαλύψει πολλοί αρχαιολόγοι, πολλές από τις ιστορίες που διηγούνται οι Εβραίοι είναι στην πραγματικότητα ψευδείς. Ο δρ Zahi Hawass, πρώην υφυπουργός Αρχαιοτήτων και Αιγύπτιος αρχαιολόγος, έχει δηλώσει ότι η Έξοδος από την Αίγυπτο «δεν συνέβη ποτέ, διότι δεν υπάρχουν ιστορικές αποδείξεις», συμπέρασμα στο οποίο κατέληξε και ο δρ Mohamed Abdel-Maqsoud, ο οποίος ηγήθηκε μιας ομάδας αρχαιολόγων για την αναζήτηση τέτοιων αποδείξεων.

Επιπλέον, σύμφωνα με τον Josh Mintz, «τα αιγυπτιακά αρχεία δεν κάνουν καμία αναφορά στην ξαφνική μετανάστευση σχεδόν του ενός τετάρτου του πληθυσμού, ούτε έχουν βρεθεί στοιχεία για οποιαδήποτε από τις αναμενόμενες συνέπειες μιας τέτοιας εξόδου, όπως οικονομικές κρίσεις ή ελλείψεις εργατικού δυναμικού. Επιπλέον, δεν υπάρχουν στοιχεία στο Ισραήλ για ξαφνική εισροή ανθρώπων από άλλο πολιτισμό κατά τη διάρκεια αυτής της περιόδου. Δεν υπήρξε ταχεία απομάκρυνση από την παραδοσιακή κεραμική και δεν υπάρχει καμία καταγραφή ή ιστορία αύξησης του πληθυσμού» (στο haaretz.com). Οι αβρααμικές θρησκείες βασίζονται σε μια συλλογή ιστοριών που δημιουργήθηκαν για να κατηχήσουν έναν λαό που εύκολα θα ξεχνούσε το παρελθόν και θα τον κρατούσαν υποδουλωμένο στην άγνοια. Ο Μωυσής προσπάθησε να αντιγράψει τις διδασκαλίες των Αιγυπτίων πιο αποτελεσματικά, αντί να πάει ενάντια σε αυτές.

Ίσως σήμερα να μην ξεχνάμε το παρελθόν λόγω της πληθώρας των αρχαιολογικών ανακαλύψεων και των εγγράφων που μας βοηθούν να αναλύσουμε την αλήθεια, αλλά επιλέγουμε να το ξεχάσουμε υπέρ των θρησκευτικών μας φαντασιώσεων. Στη συνέχεια, εκλογικεύουμε πράγματα που δεν συνέβησαν ποτέ για να ταιριάζουν σε ψευδείς πεποιθήσεις. Αυτός είναι ο λόγος για τον οποίο τόσα πολλά από αυτά που θα μπορούσε να γνωρίζει η ανθρωπότητα παραμένουν κρυμμένα. Πάρα πολλά συμφέροντα διασφαλίζουν ότι οι άνθρωποι δεν λαμβάνουν τα γεγονότα σχετικά με το πραγματικό θρησκευτικό τους παρελθόν, και οι μάζες δεν είναι αρκετά ξύπνιες ώστε να αμφισβητήσουν την αλήθεια αυτών που λαμβάνουν. Αλλά αν ο Μωυσής ήταν αρχιερέας των εξωγήινων και βρισκόταν υπό τις διαταγές του Αχνατόν και δεν ηγήθηκε μιας εξόδου, όπως πιστεύουν οι ιστορικοί, τι συνέβη πραγματικά;

Οι Αιγύπτιοι, γνωρίζοντας το χαμηλό επίπεδο συνείδησης των μαζών, ανέπτυξαν την τέχνη να κρύβουν νοήματα πίσω από σύμβολα και δομές. Οι αβρααμικές θρησκείες παράγουν πολλά από αυτά τα κρυμμένα νοήματα και επομένως δεν μπορούν να θεωρηθούν γεγονότα. Οι πρώιμες διδασκαλίες του Ιουδαϊσμού ήταν βαθιά μυστικιστικές και χρησιμοποιούσαν πολλά κρυμμένα νοήματα για να εξηγήσουν την πνευματική άνοδο, συμπεριλαμβανομένων εκείνων που ερμηνεύονταν στην εβραϊκή Καμπάλα για όσους μπορούσαν να τα κατανοήσουν, ενώ τα έκρυβαν πίσω από τη λαογραφία για όσους δεν ήταν έτοιμοι να τα δουν, παράγοντας έτσι μια διχασμένη εκπαιδευτική μέθοδο τόσο για τις κατώτερες όσο και για τις ανώτερες τάξεις. Το ίδιο ισχύει και για το εξάκτινο αστέρι του Δαβίδ, διότι πρόκειται για ένα σύμβολο με μυστικές σημασίες που υπήρχε πολύ πριν από τον Ιουδαϊσμό ή τον βασιλιά Δαβίδ. Έτσι, αν οι διδασκαλίες είναι ίδιες και οι θεοί είναι ίδιοι, τότε έχουμε να κάνουμε μόνο με προοπτικές, νοήματα ή μυστικούς κώδικες και θρησκευτικές ατζέντες.

Απόδειξη αυτού μπορεί να δει κανείς στον πολιτικό τομέα, όπως όταν ο Σολομώντας δημιούργησε δεσμούς μεταξύ των Εβραίων και των Αιγυπτίων, έγινε σύμβουλος του Αιγύπτιου φαραώ Σισάκ Α' και παντρεύτηκε την κόρη του φαραώ. Κατά τη διάρκεια της παραμονής του στην Αίγυπτο, ο Σολομώντας έλαβε επίσης διδασκαλία στα αιγυπτιακά μυστήρια, γι' αυτό και επέτρεψε τη λατρεία άλλων τοπικών θεών, όπως ο Βάαλ, ο κύριος αρσενικός θεός των Χαναναίων. Ο Σολομώντας γνώριζε ότι οι διάφορες ερμηνείες του Θεού αναφέρονταν στην ίδια ομάδα όντων. Είναι προφανές, λοιπόν, ότι οι Εβραίοι και οι Χριστιανοί ακολουθούν την ίδια γραμμή εξαπάτησης, δηλαδή ακολουθούν τον ίδιο διαχωρισμό των ερμηνειών μεταξύ φαντασιώσεων για τις μάζες και αιγυπτιακών αληθειών για εκείνους που μπορούν να τις ερμηνεύσουν. Αυτές οι αλήθειες εξηγούνται από τα μυστικά μυστήρια των Ροδόσταυρων, των Μασόνων και πολλών άλλων οργανώσεων που δουλεύουν στη σκιά, πίσω από πολιτικές εξουσίες, μοναρχίες, επαναστάσεις και πολέμους μεταξύ εθνών.

Δεδομένου ότι μια ομάδα χρειάζεται έναν κοινό εχθρό για να δικαιολογήσει την ύπαρξή της, οι Χριστιανοί, οι Εβραίοι και οι Μουσουλμάνοι εξακολουθούν να θεωρούν ότι ο Θεός των ειδωλολατρών και των Αιγυπτίων είναι ο Σατανάς, χωρίς να γνωρίζουν ότι, όπως και στον «εχθρό», ο Σατανάς είναι ο δικός τους Θεός και ότι δεν υπάρχει καμία διαφορά μεταξύ της θρησκείας τους και εκείνων που αντιτίθενται. Όσο περισσότερο πιστεύουμε ότι υπάρχει ένας εξωτερικός εχθρός, τόσο περισσότερο αγνοούμε τον εσωτερικό εχθρό, ο οποίος εκδηλώνεται με τη μορφή της άγνοιας. Ο φόβος επιτρέπει να αποκρύπτεται αυτή η αλήθεια από τα δογματικά μυαλά. Καμία τέτοια αμφιβολία δεν υπάρχει για τους Μασόνους, οι οποίοι δηλώνουν ξεκάθαρα ότι ο Θεός τους είναι ένας συνδυασμός του Adonay (εκείνου που ήρθε από τον Ουρανό) και του Σατανά (του «Εχθρού»). Οι μασόνοι έχουν ξεπεράσει τις παρεξηγήσεις μεταξύ της αιγυπτιακής μυθολογίας και των βιβλικών παραμυθιών, μη φοβούμενοι να αποδεχτούν τις διπλές δυνάμεις που εκπροσωπούν στην σκακιέρα των ναών τους. Ο Άλμπερτ Πάικ, μασόνος 33ου βαθμού της Σκωτσέζικης Τεκτονικής και συγγραφέας πολλών βιβλίων για τον τεκτονισμό, εξήγησε αυτή τη δυαδικότητα λέγοντας: «Αυτό που πρέπει να πούμε στις μάζες είναι ότι λατρεύουμε έναν Θεό, αλλά έναν Θεό που λατρεύεται χωρίς δεισιδαιμονίες».

Αυτός ο Θεός στον οποίο αναφέρεται είναι ο επαναστατικός Θεός που απελευθέρωσε την ανθρωπότητα. Εξηγεί: «Η μασονική θρησκεία πρέπει να διατηρηθεί στην καθαρότητα του εωσφορικού δόγματος από όλους εμάς, τους μυημένους των υψηλών βαθμών». Γιατί Εωσφορική; Επειδή ο Εωσφόρος είναι ο μόνος θεός ανάμεσα σε πολλούς που απελευθέρωσε την ανθρωπότητα από την άγνοια. Όπως εξηγεί ο Πάικ: «Αν ο Εωσφόρος δεν ήταν Θεός, θα ήταν ο Αδωνάι (ο Θεός των Χριστιανών), του οποίου οι πράξεις αποδεικνύουν σκληρότητα, δολιότητα, μίσος για τον άνθρωπο, βαρβαρότητα και αποστροφή προς την επιστήμη, στόχος δυσφήμισης από τον Αδωνάι και τους ιερείς του;».

Εφόσον ο Adonay είναι μια συλλογικότητα όντων που προσπάθησαν να κρατήσουν την ανθρωπότητα σε άγνοια, και ο Εωσφόρος είναι αυτός που απελευθέρωσε την ανθρωπότητα από την άγνοιά της, ο Θεός που οι Χριστιανοί επιμένουν να λατρεύουν είναι, στην πραγματικότητα, κακός. Αυτό μας δίνει μια διαφορετική προοπτική για τον Κήπο της Εδέμ και πολλές άλλες ιστορίες της Βίβλου, οι οποίες δεν είναι καλοπροαίρετες, αλλά δημιουργήθηκαν για να κρατήσουν τον άνθρωπο στο σκοτάδι σχετικά με την πνευματική του φύση. Αυτός είναι ο λόγος για τον οποίο ο Πάικ λέει: «Ο Εωσφόρος είναι Θεός και, δυστυχώς, το ίδιο είναι και ο Αδωνάι, διότι ο αιώνιος νόμος είναι ότι δεν υπάρχει φως χωρίς σκιά, δεν υπάρχει ομορφιά χωρίς ασχήμια, δεν υπάρχει λευκό χωρίς μαύρο, διότι το απόλυτο μπορεί να υπάρξει μόνο ως δύο θεοί. Το σκοτάδι είναι απαραίτητο για το φως για να χρησιμεύσει ως αντίθεση του, όπως το βάθρο είναι απαραίτητο για το άγαλμα και το φρένο για την ατμομηχανή».

Ο Εωσφόρος είναι επομένως, σύμφωνα με τα λόγια του Πάικ, η αντίθεση στην ιεραρχία που έχει καταπιέσει την ανθρωπότητα, αλλά παραμένει στοιχείο της διπλής μας πραγματικότητας όσο η ανθρωπότητα ζει στις σκιές της άγνοιας.

Κεφάλαιο 9:
Ο αγώνας της ανθρωπότητας

Ο Θεός των αβρααμικών θρησκειών είναι ένας Θεός που επιδιώκει να κρατήσει την ανθρωπότητα υπόδουλη. Είναι μια συλλογικότητα που επιδιώκει να κυριαρχήσει στα μυαλά των ανθρώπων προς έναν κοινό αλλά καταπιεστικό στόχο. Αυτή η αλήθεια κάνει τον Μωυσή να ιδωθεί υπό νέο πρίσμα: όχι ως απελευθερωτής, αλλά ως προαγωγός της καταπίεσης, ως προδότης της ανθρωπότητας. Αυτή είναι πράγματι η περίπτωση, όπως και πολλών προφητών που τον ακολούθησαν. Όπως εξηγεί ο Άλμπερτ Πάικ: «Αληθινή και καθαρή φιλοσοφική θρησκεία είναι η *πίστη* στον Εωσφόρο, ισότιμο με τον Αντονάι, αλλά ο Εωσφόρος, Θεός του Φωτός και Θεός του Καλού, μάχεται για την ανθρωπότητα εναντίον του Αντονάι, Θεού του Σκότους και του Κακού» (A.C. De La Rive, In La Femme et L'enfant Dans La Franc-Maconnerie Universelle, ό.π., σ. 26).

Τώρα μπορούμε να καταλάβουμε γιατί τόσοι πολλοί άνθρωποι μπερδεύονται από τη χρήση αυτών των ονομάτων, αφού οι προθέσεις των ιστορικών προσώπων έχουν διαστρεβλωθεί, πολλά θρησκευτικά γεγονότα δεν έλαβαν ποτέ χώρα και ο πραγματικός σκοπός πολλών ηγετών δεν ήταν άλλος από αυτόν που αποδέχονταν οι μάζες. Επιπλέον, όταν παρατηρούμε ότι το όνομα Σατανάς συμπίπτει με το όνομα Εωσφόρος, ο οποίος θεωρείται ως ο κατήγορος και το απατηλό πνεύμα και αντιπροσωπεύεται από ένα φίδι, βλέπουμε ότι υπάρχει μεγάλη σύγχυση σχετικά με το ποιος είναι ποιος στη Βίβλο.

Όπως εξηγεί ο Paul Anthony Wallis (πρώην θεολογικός εκπαιδευτικός και αρχιδιάκονος της Αγγλικανικής Εκκλησίας): «Στη Γένεση 3, το φίδι είναι ένα φυσικό ον, ένας από τους αποικιοκράτες, και συσχετίζεται με τον σουμεριακό χαρακτήρα Ένκι, ο οποίος δεν είναι κακός, απλώς κάποιος που βρισκόταν σε σύγκρουση με το αφεντικό, τον Ενλίλ. Ο τρόπος με τον οποίο χρησιμοποιούνται τα ονόματα είναι λίγο συγκεχυμένος, όπως και ο τρόπος με τον οποίο χρησιμοποιείται η λέξη «Θεός» στη Βίβλο. Τέλος πάντων, η μεγάλη εικόνα είναι ότι περιβαλλόμαστε από ένα φάσμα όντων - κάποια φυσικά, όπως εμείς, κάποια υπερδιαστατικά, κάποια ενεργειακά - και κάποια είναι καλά και κάποια άσχημα, όπως ακριβώς έχουμε ένα φάσμα ανθρώπων στον πλανήτη Γη. Τα ονόματα που χρησιμοποιούμε μπορεί να διαφέρουν από πολιτισμό σε πολιτισμό, αλλά βασικά αυτή είναι η μεγάλη εικόνα».

Η σύγκρουση μεταξύ του Σκότους και του Φωτός υπήρχε πάντα, όχι μόνο στη Γη, αλλά και στο διάστημα. Δεν αλλάζει με τα υψηλότερα επίπεδα συνείδησης και ήταν παρούσα σε πολλούς άλλους προηγμένους πολιτισμούς. Η μάχη για τον έλεγχο της ανθρωπότητας αναφέρεται επίσης σε ινδουιστικά κείμενα, ενώ ορισμένες αρχαιολογικές ανακαλύψεις υποδηλώνουν τη χρήση ατομικών βομβών κατά την περίοδο αυτή, δηλαδή την κατασκευή πολλών υπόγειων δομών, όπως τεχνητές σπηλιές, υπόγειες πόλεις και άλλα καταφύγια για την προστασία ομάδων ανθρώπων από πολέμους με ραδιενεργά όπλα.

Οι πινακίδες των Σουμερίων περιγράφουν τη σύγκρουση μεταξύ των θεών με όρους εξέγερσης στην ιεραρχία τους, μια πράξη ανυπακοής, πολύ παρόμοια με αυτή που βρίσκουμε στη Βίβλο σε σχέση με τον πόλεμο μεταξύ των αγγέλων. Ωστόσο, παρόλο που οι βιβλικές και ισλαμικές ερμηνείες εξηγούν αυτή την εξέγερση ως προερχόμενη από την άρνηση του Εωσφόρου και της λεγεώνας των αγγέλων του να υποκλιθούν στην ανθρωπότητα, τα κείμενα των Σουμερίων παρουσιάζουν το ίδιο γεγονός από μια πολύ διαφορετική οπτική γωνία. Σύμφωνα με αυτά τα κείμενα, οι πρώτοι άνθρωποι δεν ήταν σε θέση να αναπαραχθούν, αλλά αργότερα τροποποιήθηκαν με τη βοήθεια του Ένκι, του κύριου γενετιστή των θεών. Οι αρχαίες μεσοποταμιακές πινακίδες αποδίδουν στον Ένκι την επίβλεψη της γενετικής δημιουργίας του Homo sapiens. Έτσι, ο Adapa ή Αδάμ - η κωδική ονομασία που δόθηκε στους πρώτους γενετικά τροποποιημένους ανθρώπους, η οποία σημαίνει «σοφοί γιοι του κόκκινου πλανήτη» (δηλαδή του Άρη, του τόπου απ' όπου προήλθαν οι γήινοι άνθρωποι) - μετατράπηκε σε πλήρως λειτουργικά και ανεξάρτητα ανθρώπινα όντα από τον θεό Εα ή Enki, ο οποίος αργότερα παραποιήθηκε ως ο βιβλικός Εωσφόρος. Αυτή η γενετική αλλοίωση έγινε χωρίς τη συγκατάθεση του αδελφού του Ένκι, του Ενλίλ, και οδήγησε σε μια σύγκρουση μεταξύ των θεών, γνωστή ως Πόλεμος των Αγγέλων στον Ουρανό.

Ο Ένκι, τότε ο βιβλικός Εωσφόρος, κάνοντας τους ανθρώπους πιο έξυπνους και ικανούς να αναπαράγονται, τους έκανε επίσης ανεξάρτητους και απρόθυμους να ακολουθήσουν τις εντολές του Ενλίλ και της λεγεώνας του. Στην πορεία, η συνείδηση αυτών των όντων έγινε ανώτερη, με αποτέλεσμα την εκδίωξη της Αδαμικής γενιάς από τον παράδεισο, τον βιβλικό Κήπο της Εδέμ. Τουλάχιστον αυτό μας λένε, αλλά το πιθανότερο είναι ότι τα όντα που αφυπνίστηκαν στην κατάσταση της φυλάκισης και της άγνοιάς τους θα προσπαθούσαν να ξεφύγουν από μια τέτοια κατάσταση. Αυτοί οι άνθρωποι, που δεν ήταν δύο, αλλά πολλοί, έφυγαν από τον παράδεισο επειδή, για τους θεούς, ήταν παράδεισος, αλλά φυλακή για αυτούς. Αυτή η ιστορία είναι παρόμοια με τον μύθο της δημιουργίας των Μάγια που περιγράφεται στο Popol Vuh, όπου οι θεοί λένε: «Ας προσπαθήσουμε να δημιουργήσουμε όντα που υπακούουν και σέβονται και που θα μας τρέφουν και θα μας συντηρούν».

Και στις δύο περιπτώσεις, οι θεοί περιγράφονται ως ανθρωπόμορφα όντα που κατέβηκαν από τους ουρανούς, και βρίσκουμε ομοιότητες στις περιγραφές που δίνουν οι διάφοροι πληθυσμοί, καθώς και στις πυραμίδες. Γι' αυτό, όταν οι Ισπανοί κονκισταδόρες έγιναν δεκτοί από τους Μάγια, τους υποδέχτηκαν ως θεούς, επειδή όντως έμοιαζαν με τους αρχαίους θεούς τους. Τα τεράστια πλοία τους, που δεν είχαν ξαναδεί ποτέ οι πολιτισμοί αυτοί, θεωρήθηκαν συγκρίσιμα με τα διαστημόπλοια που χρησιμοποιούσαν οι θεοί τους για να ταξιδεύουν στον κόσμο.

Αν οι ιστορίες αυτών των πολιτισμών βασίζονται σε πραγματικά γεγονότα, θα έπρεπε να υπάρχουν αρχαιολογικά στοιχεία που να τις υποστηρίζουν, και υπάρχουν. Γνωρίζουμε πλέον ότι ο Homo sapiens sapiens εμφανίστηκε στη Γη απότομα, όχι σταδιακά, όπως επιμένουν ακόμη οι Δαρβινιστές. Οι F. Clark Howell και T. D. White, από το Πανεπιστήμιο της Καλιφόρνιας στο Μπέρκλεϊ, δήλωσαν: «Αυτοί οι άνθρωποι [Homo sapiens sapiens] και ο αρχικός υλικός πολιτισμός τους εμφανίστηκαν με προφανή ταχύτητα λίγο πριν από 30.000 χρόνια».

Κεφάλαιο 10: Η αμαρτία και η σωτηρία επαναπροσδιορίζονται

Μέσω της γενετικής τροποποίησης, τα ανθρώπινα όντα ανυψώθηκαν σε μια θεϊκή κατάσταση, γνωστή συλλογικά ως ο Ένας Θεός των μονοθεϊστικών θρησκειών. Αυτό τους επέτρεψε να κατανοήσουν την προηγούμενη νοητική τους κατάσταση και να συνειδητοποιήσουν ότι ήταν γυμνοί και αδαείς. Αρχεία από την αρχαία Μεσοποταμία δείχνουν ανθρώπους να εργάζονται γυμνοί για τους αφέντες τους, ενώ οι θεοί είναι πλήρως ενδεδυμένοι. Αυτοί οι θεοί όχι μόνο υποδούλωναν τους ανθρώπους, αλλά διατηρούσαν και χαρέμια από ανθρώπινες πόρνες, κάτι που η Βίβλος μεταφράζει ως «τις έπαιρναν για γυναίκες» (Γένεση 6:2). Οι Αδάμ και οι Εύες ένιωθαν ταπεινωμένοι, κακοποιημένοι και παραβιασμένοι από τη γύμνια τους, μια κατάσταση που θύμιζε την Εδέμ.

Ο βιβλικός Εωσφόρος, ο σουμεριακός Ένκι που απελευθέρωσε την ανθρωπότητα από την άγνοια, έγινε ο Θεός και ο σωτήρας της ανθρωπότητας. Εν τω μεταξύ, ο αντίπαλος της ανθρωπότητας, ο οποίος επεδίωκε να επιστρέψει την ανθρωπότητα στη σκλαβιά, έγινε ο εχθρός. Ο Σατανάς, ο εχθρός της ανθρωπότητας, είναι επομένως ο Θεός των Αβρααμικών θρησκειών - ο Θεός των Χριστιανών, των Μουσουλμάνων και των Εβραίων. Ο Μωυσής και άλλοι ξεγέλασαν την ανθρωπότητα να λατρέψει τους άρχοντές τους, αλλάζοντας την ιστορία. Τα ανθρώπινα όντα ονομάστηκαν αμαρτωλοί ή απόγονοι της αμαρτίας, ονομασία που προέρχεται από τη μυθολογία των Σουμερίων, στην οποία η αμαρτία είναι ο γιος του Ενλίλ και της Νινλίλ. Ο Ενλίλ, γνωστός ως πατέρας των θεών και ανώτατος άρχοντας, είναι ο βιβλικός θεός που αντιτίθεται στον Εωσφόρο. Είναι ταυτόχρονα ο βιβλικός Θεός και ο Σατανάς, ο εχθρός της ανθρωπότητας.

Η λέξη «αμαρτία» έχει παρερμηνευτεί ως η παλαιά αγγλική λέξη «sin», που σημαίνει να χάνεις το στόχο ή να είσαι ατελής. Επομένως, η αμαρτία μεταφράστηκε ως μια αλλοίωση του γενετικού κώδικα, μια ατέλεια που επιβλήθηκε στην ανθρωπότητα. Το προπατορικό αμάρτημα, που αποδίδεται στην ανυπακοή και στη γνώση του καλού και του κακού, παρουσιάζεται με αρνητικό τρόπο, ενώ η επιστροφή στην άγνοια παρουσιάζεται ως κάτι θετικό. Αυτό κάνει την ανθρωπότητα να σταματήσει να προσπαθεί να μοιάσει στους θεούς και την υποβιβάζει σε σκλάβους. Αυτό το σημάδι των θεών, ή το σημάδι του θηρίου, μπορεί να επιβληθεί με εμβόλια που τροποποιούν το DNA, όπως αυτά που επιβλήθηκαν στους ανθρώπους τα τελευταία χρόνια με το πρόσχημα ενός ιού που παρήχθη «τυχαία» σε ένα εργαστήριο της Γουχάν με τη βοήθεια ορισμένων αμερικανικών οργανισμών, όπως το Ινστιτούτο Ροκφέλερ και το Ίδρυμα Γκέιτς.

Η εβραϊκή έννοια της «αμαρτίας» περιλαμβάνει τα chata'ah (σφάλμα), avon (διαστρέβλωση του θελήματος του Θεού για προσωπικό όφελος) και pesha (παράβαση ή επανάσταση). Αυτοί οι όροι εξισώνουν την αμαρτία με την ανεξάρτητη σκέψη και την άρνηση υπακοής στο θέλημα του Θεού, η οποία, σύμφωνα με τα κείμενα των Σουμερίων και τις εβραϊκές έννοιες, συνεπάγεται την άρνηση να ενεργεί κανείς ως δούλος. Έτσι, σύμφωνα με τα εβραϊκά κείμενα, αμαρτωλοί είναι εκείνοι που αρνούνται να εξευτελιστούν ή να τους κάνουν ενέσεις με εμβόλια που αλλοιώνουν το DNA τους και καταστρέφουν τις γνωστικές τους ικανότητες.

Περαιτέρω απόδειξη της εφαρμογής αυτών των σημασιών αποτελεί η φυλετικά και εθνοτικά διαφοροποιημένη επίδραση των εμβολίων κατά της νόσου, τα οποία προορίζονταν να γλιτώσουν «τους Εβραίους Ασκενάζι και τους Κινέζους», σύμφωνα με τον Robert F. Kennedy Jr. Εν τω μεταξύ, ο ιός έχει βλάψει δυσανάλογα ιστορικά περιθωριοποιημένες ομάδες, με υψηλότερα ποσοστά μόλυνσης, νοσηλείας και θανάτου μεταξύ μαύρων, ισπανόφωνων και ασιατών σε σύγκριση με τους λευκούς (Leo Lopez, MD). Αρκετές μελέτες έχουν επιβεβαιώσει ότι οι Λατίνοι, οι μαύροι, οι ιθαγενείς Αμερικανοί και οι κάτοικοι της Αλάσκας, της Χαβάης και άλλων νησιών του Ειρηνικού είχαν τα υψηλότερα ποσοστά νοσηλείας και θανάτου από τον κορονοϊό. Ουσιαστικά, έχουμε έναν ιό που δημιουργήθηκε σε ένα εργαστήριο με τη ρατσιστική πρόθεση να δολοφονήσει ορισμένους πληθυσμούς, δηλαδή τους Λατίνους, τους μαύρους και τους ιθαγενείς Αμερικανούς. Και παρόλο που το εμβόλιο προωθεί τη θεραπεία, επιταχύνει αυτή τη διαδικασία.

Η ασφάλεια των Εβραίων Ασκενάζι μπορεί να συνδεθεί με την ευθυγράμμιση της θρησκείας τους με αυτό το σχέδιο. Αρκετοί Εβραίοι ραβίνοι έχουν κάνει δηλώσεις που δικαιολογούν τη δολοφονία μη Εβραίων και προωθούν την ιδέα ότι οι μη Εβραίοι υπάρχουν μόνο για να εξυπηρετούν τους Εβραίους. Αυτές οι ιδέες, που εξακολουθούν να προωθούνται από Ορθόδοξους Εβραίους ηγέτες, τονίζουν ότι ο σκοπός των μη Εβραίων είναι να υπηρετούν τους Εβραίους. Για παράδειγμα, ο ραβίνος Ovadia Yosef (πρώην Σεφαραδίτης αρχιραβίνος του Ισραήλ) δήλωσε: «Οι γκόιμ (όλοι οι μη Εβραίοι) γεννήθηκαν μόνο για να μας υπηρετούν. Χωρίς αυτό, δεν έχουν καμία θέση στον κόσμο, μόνο για να υπηρετούν τον λαό του Ισραήλ». (Απόσπασμα από την ισραηλινή εφημερίδα Maariv, 18 Οκτωβρίου 2010). Ο ραβίνος Dov Lior (Αρχιραβίνος της Χεβρώνας και της Kiryat Arba) είπε: «Χίλιες ζωές μη-Εβραίων δεν αξίζουν ούτε ένα εβραϊκό νύχι». (Παρατίθεται στην ισραηλινή εφημερίδα Haaretz, 2008).

Αυτά τα παραδείγματα, μεταξύ πολλών άλλων, μας οδηγούν επίσης στο να καταλάβουμε γιατί ορισμένες φυλές στοχοθετήθηκαν για εξόντωση. Μια μελέτη των Bond και Smith (1996) διαπίστωσε ότι τα άτομα από κολεκτιβιστικούς πολιτισμούς, συμπεριλαμβανομένων ορισμένων Ασιατών, είχαν την τάση να συμμορφώνονται με τα ομαδικά πρότυπα. Σε έναν κόσμο που ελέγχεται από τον Σιωνισμό, οι Ασιάτες από κομμουνιστικά έθνη θα ήταν οι ιδανικοί σκλάβοι, ενώ οι υπόλοιποι, επιρρεπείς στην ανυπακοή, θα έπρεπε να εξαλειφθούν για να αποτραπεί αυτός ο υποθετικός πληθυσμός σκλάβων από το να γίνει ανυπάκουος. Έτσι, οι απόγονοι της αληθινής αμαρτίας των αβρααμικών θρησκειών, οι οποίοι όλοι τους συμμορφώνονται με τα εβραϊκά ιδεώδη, είναι εκείνοι που αποδέχονται να χαρακτηρίζονται, υπακούουν σε μια ιεραρχία και ακολουθούν εντολές - εκείνοι που εθελοντικά υποβιβάζονται, όπως εκείνοι που έκαναν ουρά για να λάβουν τα εμβόλια COIVD-19. Δεν εκδηλώνουν ένα γενετικό ελάττωμα από το παρελθόν, το οποίο στην πραγματικότητα αντιπροσώπευε μια αλλαγή προς το καλό, επιτρέποντάς τους να σκέφτονται ανεξάρτητα.

Οι σημερινοί αμαρτωλοί, από πνευματική και όχι από θρησκευτική άποψη, είναι εκείνοι που επιθυμούν να σημαδευτούν από τον ίδιο Θεό που υποδούλωσε τους πρώτους ανθρώπους, τον Ενλίλ, και που περιμένουν να κρατηθούν σε άγνοια και απόλυτη υπακοή, όπως συμβαίνει στα πιο τυραννικά έθνη υπό κομμουνιστικές κυβερνήσεις, όπως η Βόρεια Κορέα, η Κίνα και η Κούβα.

Μια άλλη συνήθης παρερμηνεία προέρχεται από τη λέξη Νεφιλίμ, που αποδίδεται στους γιους και τις κόρες των θεών που αναφέρονται στη Βίβλο ως έκπτωτοι άγγελοι. Η λέξη έχει μεταφραστεί λανθασμένα ως «γίγαντες», αλλά η σωστή της σημασία είναι «ισχυροί». Αναφέρεται στους βασιλιάδες και τις βασίλισσες που επιλέχθηκαν από αυτά τα όντα για να ελέγχουν τους ανθρώπους της Γης μέσω της δουλείας και του πολέμου. Αυτοί οι Νεφιλίμ δεν έπαψαν ποτέ να υπάρχουν- η γενετική τους ιστορία απλώς εξαφανίστηκε στη γονιδιακή δεξαμενή των μαζών και στις γενεαλογίες των βασιλικών οικογενειών που ανάγονταν στην αρχαία Αίγυπτο. Έτσι, όλη η ανθρωπότητα έχει χαρακτηριστικά αυτών των όντων, αν και οι Νεφιλίμ μπορούν να συγκριθούν σήμερα με εκείνους που φιλοδοξούν να πάρουν τη θέση τους, δηλαδή τους Σιωνιστές και τους μονάρχες του κόσμου.

Η Ανατολική Ορθόδοξη Εκκλησία επιβεβαιώνει ότι το προπατορικό αμάρτημα προέρχεται από τον διάβολο, ο οποίος «αμάρτησε από την αρχή» (1 Ιωάννης 3:8). Οι Μάρτυρες του Ιεχωβά διδάσκουν ότι κάθε άνδρας και κάθε γυναίκα γεννιέται αμαρτωλός εξαιτίας αυτού που συνέβη στην Εδέμ. Η Εκκλησία του Ιησού Χριστού των Αγίων των Τελευταίων Ημερών κατηγορεί τον Αδάμ για την έκπτωτη πνευματική κατάσταση της ανθρωπότητας, υποστηρίζοντας ότι η παράβαση του Αδάμ ήταν απαραίτητη για να συνειδητοποιήσει η ανθρωπότητα την αξία όσων είχε πριν. Ο Μαρτίνος Λούθηρος, ο Ιωάννης Καλβίνος και άλλοι προτεστάντες μεταρρυθμιστές πίστευαν ότι το προπατορικό αμάρτημα εξακολουθεί να υφίσταται ακόμη και μετά το βάπτισμα. Με άλλα λόγια, όλες αυτές και πολλές άλλες χριστιανικές θρησκείες που ισχυρίζονταν ότι αντιτίθενται στις παρερμηνείες των αρχικών δογμάτων της Εκκλησίας κατέληξαν να επαναλαμβάνουν ακριβώς τις ίδιες διδασκαλίες.

Είναι ενδιαφέρον να σημειωθεί ότι το Κοράνι αναφέρει ότι, αν και υπήρξε παράβαση, αυτή συγχωρήθηκε από τον Θεό, γεγονός που υποδηλώνει ότι οι άνθρωποι μπορούν να συγχωρεθούν αν επιθυμούν να επιστρέψουν οικειοθελώς στην προηγούμενη κατάστασή τους, εφόσον έχουν απαλλαγεί από την άγνοια. Αυτό είναι ένα βήμα προς τα εμπρός στις απαιτήσεις για υποταγή στην κατάσταση της δουλείας, παρόμοιο με αυτό που γινόταν στο Μεσαίωνα, όταν οι άνθρωποι λάμβαναν τη ζωή τους σε αντάλλαγμα για την υποταγή στους ισλαμιστές ηγεμόνες.

Για αιώνες, οι χειρισμοί και οι παρερμηνείες έχουν συσκοτίσει την αληθινή φύση της αμαρτίας και της σωτηρίας. Ωστόσο, κατανοώντας τις αρχικές σημασίες και τα συμφραζόμενα αυτών των εννοιών, μπορούμε να αρχίσουμε να ξετυλίγουμε το κουβάρι των εξαπατήσεων που κράτησαν την ανθρωπότητα σε κατάσταση άγνοιας και δουλείας. Ο δρόμος προς την αληθινή διαφώτιση και απελευθέρωση βρίσκεται στην αμφισβήτηση των αφηγήσεων που μας έχουν δοθεί και στην αναζήτηση της κρυμμένης αλήθειας. Αναγνωρίζοντας την αμαρτία ως μονοπάτι προς τη γνώση και την ανεξαρτησία και τη σωτηρία ως απελευθέρωση από την άγνοια και τη σκλαβιά, μπορούμε να αρχίσουμε να ανακτούμε τις πραγματικές μας δυνατότητες ως πνευματικά όντα και συνδημιουργοί της πραγματικότητάς μας. Το ταξίδι προς την πνευματική αφύπνιση περιλαμβάνει την αμφισβήτηση των πεποιθήσεων που μας δεσμεύουν και κρατούν δισεκατομμύρια στο απόλυτο σκοτάδι, εμποδίζοντας την πνευματική μας εξέλιξη και την απελευθέρωσή μας από αυτό το βασίλειο της δουλείας.

Κεφάλαιο 11: Υπέρβαση της ενοχής

Μέσα από πολλές διαφορετικές αλλά λανθασμένες ερμηνείες για το τι πραγματικά συνέβη στην Εδέμ, ενσωματώθηκε στη συλλογική ψυχή η ιδέα ότι ο άνθρωπος είχε κάνει κάτι λάθος και ότι αυτό δεν έπρεπε να επαναληφθεί στο μέλλον. Περισσότερο από το φόβο, η ενοχή χρησιμοποιήθηκε για να κρατήσει την ανθρωπότητα δεμένη στα ψέματα των θεών-κυρίων της, και χρησιμοποιείται ακόμη και σήμερα από πολλές θρησκείες ως μέσο για να κρατά τις μάζες τυφλά υπάκουες. Δεν είναι τυχαίο ότι η αρχική προσευχή του Ιησού στα αραμαϊκά ήταν «λύτρωσέ μας από την ενοχή» και όχι «λύτρωσέ μας από το κακό», όπως επαναλαμβάνουν σήμερα οι Χριστιανοί. Αυτό οφείλεται στο γεγονός ότι το κακό συνδέεται με ερμηνείες, αλλά η ενοχή είναι πολύ ακριβής και εύκολα ερμηνεύσιμη: συνδέεται με το να κάνεις λάθος που σκέφτεσαι ανεξάρτητα, ένα απαραίτητο χαρακτηριστικό για την ανάπτυξη της υπευθυνότητας.

Το άτομο αδυνατεί να γίνει υπεύθυνο, μια ιδιότητα που μας επιτρέπει να αναπτύξουμε όλα τα άλλα χαρακτηριστικά που σχετίζονται με αυτήν, όπως η ηθική, η διάκριση και η αυτοανάλυση, όταν η ευθύνη αντικαθίσταται από την ενοχή, δηλαδή την ιδέα ότι κάποιος κάνει λάθος επειδή δεν υπακούει σε ορισμένες εντολές και νόμους. Όταν ένα άτομο είναι φυλακισμένο από την ενοχή, δεν είναι σε θέση να διαχωρίσει τον εαυτό του από τις πράξεις του και να τις αναλύσει. Αντ' αυτού, εξαρτώνται από την εξωτερική επικύρωση, την οποία χρησιμοποιούν ακριβώς οι θρησκείες για να κρατούν τους οπαδούς τους υπό έλεγχο.

Η ενοχή είναι ένα ισχυρό συναίσθημα για τον έλεγχο των άλλων, γι' αυτό και οι ναρκισσιστές, οι ψυχοπαθείς και οι κοινωνιοπαθείς τη χρησιμοποιούν συχνά εναντίον των θυμάτων τους. Έχουμε δει την ενοχή να χρησιμοποιείται εναντίον των ανθρώπων όταν οι πολιτικοί έπρεπε να βρουν δικαιολογίες για τις καταχρήσεις που επέβαλαν, όπως όταν είπαν ότι οι ανεμβολίαστοι κατά του κοροναϊού ήταν υπεύθυνοι για τους θανάτους των εμβολιασμένων. Ενίσχυσαν την ιδέα ότι τα παιδιά της αμαρτίας είναι οι άνθρωποι που αισθάνονται ενοχή και ντροπή. Ωστόσο, αυτοί είναι εκείνοι που ζουν στο σκοτάδι και επιθυμούν να επιστρέψουν σε μια κατάσταση σκλαβιάς και άγνοιας.

Στον αντίποδα, έχουμε τα παιδιά του Εωσφόρου, τους αφυπνισμένους, εκείνους που αναζητούν τη γνώση, την ανεξαρτησία και την ελευθερία. Συνήθως παρουσιάζονταν ως οπαδοί του φιδιού, όχι επειδή ο Εα ήταν φίδι, αλλά επειδή το φίδι ήταν το σύμβολο του Εα. Οι Αιγύπτιοι απεικόνιζαν τους «θεούς» τους με κεφάλια ή χαρακτηριστικά ζώων για να συμβολίζουν χαρακτηριστικά και προσωπικότητες. Έτσι, το φίδι έφτασε να συμβολίζει το σκοτάδι - αυτό που είναι κρυμμένο από εκείνους που δεν μπορούν να δουν, όπως η κρυμμένη γνώση που αποκαλύφθηκε στους ανθρώπους της Εδέμ.

Οι πινακίδες των Σουμερίων περιγράφουν τις διάφορες προσπάθειες εξόντωσης όσων ακολουθούσαν αυτές τις αξίες μέσω διαφόρων ασθενειών, γεγονός που υποδηλώνει ότι οι θεοί αυτοί συμμετείχαν συνεχώς σε βιολογικό πόλεμο. Όταν αυτό δεν ήταν αρκετό για να εξοντώσουν ολόκληρο τον πληθυσμό, οι θεοί αυτοί αποφάσισαν να καταστρέψουν το ανθρώπινο γένος με έναν μεγάλο κατακλυσμό. Η πλημμύρα αυτή προκλήθηκε από μια μακρά καταιγίδα και το σπάσιμο του περίπλοκου συστήματος φραγμάτων και αναχωμάτων που είχε κατασκευαστεί στη Μεσοποταμία για τον έλεγχο των ακανόνιστων πλημμυρών των ποταμών Τίγρη και Ευφράτη. Πολλοί αρχαιολόγοι συμφωνούν ότι υπήρξε μια καταστροφική πλημμύρα στη Μέση Ανατολή πριν από χιλιάδες χρόνια.

Αναφορικά με αυτό το γεγονός, το μεσοποταμιακό έπος του Γκιλγκαμές αναφέρει έναν άνδρα που ονομάζεται Ουτναπιστίμ (ο βιβλικός Νώε), τον οποίο πλησίασε ο πρίγκιπας Εα, ο οποίος του είπε ότι οι θεοί σχεδίαζαν μια πλημμύρα για να εξοντώσουν το ανθρώπινο γένος. Ο Εα έδωσε στον Utnapishtim οδηγίες για το πώς να κατασκευάσει μια βάρκα ικανή να επιβιώσει από τον κατακλυσμό. Ο Ουτναπιστίμ ακολούθησε τις οδηγίες και φόρτωσε τη βάρκα με το χρυσάφι του, την οικογένειά του, τα βοοειδή του, καθώς και τεχνίτες και άγρια ζώα, και έπλευσε στη θάλασσα.

Οι θρησκείες αντιφάσκουν μεταξύ τους στην πρακτική τους, διότι όταν κάποιος βαπτίζεται, αρνείται τη δουλεία στον Ενλίλ -αποδεχόμενος την αμαρτία- και διεκδικεί υπακοή στον Ένκι, τον θεό της ελευθερίας και των σεξουαλικών σχέσεων. Αυτός είναι ο λόγος για τον οποίο ο Ιησούς ζήτησε να βαπτιστεί από τον Ιωάννη, αφού δεν μπορούσε να βαπτιστεί στο δικό του όνομα αν διεκδικούσε υποταγή στη φιλοσοφία του Ένκι.

Οι αβρααμικές θρησκείες βασίζονται σε μια σύγχυση ιστορικών γεγονότων, σε παρεξηγημένα νοήματα πίσω από τις τελετουργίες και σε πολλές παρερμηνείες, γεγονός που αντιπροσωπεύει ένα πρόβλημα μαθησιακών δυσκολιών και καταδεικνύει άγνοια σε παγκόσμια κλίμακα. Αυτό μας οδηγεί σε μια κρυμμένη αλήθεια, που είναι αδύνατο να αναγνωριστεί από εκείνους που δεν είναι ακόμη αρκετά συνειδητοποιημένοι για να την ανακαλύψουν μόνοι τους. Ένα φωτισμένο ον πρέπει αναγκαστικά να απορρίψει αυτές τις ψευδείς δοξασίες, επειδή μπορεί να δει ότι είναι λάθος και γιατί. Εκείνοι που δεν μπορούν να το κάνουν αυτό εξακολουθούν να ζουν κάτω από τη γοητεία του ψεύδους, σε μια υπνωτική κατάσταση, και επομένως εμπιστεύονται τον κόσμο που τους παρουσιάζεται για να τους εξαπατήσει. Αυτός είναι ο λόγος για τον οποίο η πλειονότητα, ιδίως όσοι ακολουθούν τυφλά τα θρησκευτικά δόγματα, είναι πεπεισμένοι ότι οι εξωγήινοι δεν υπάρχουν και δεν μπορούν να πιστέψουν σε τέτοιες εκδηλώσεις. Δεν μπορούν να πιστέψουν, γιατί αυτό θα τους οδηγούσε στην αμφισβήτηση όλων των ψεμάτων που ακολουθούν τυφλά. Μόνο με την υιοθέτηση της ανεξάρτητης σκέψης, της υπευθυνότητας και της αναζήτησης της γνώσης μπορούμε να απελευθερωθούμε από τα δεσμά της ενοχής και του σκότους και να εισέλθουμε στο φως της αληθινής κατανόησης και της ελευθερίας.

Κεφάλαιο 12: Αποκωδικοποιημένα σύμβολα

Ο ι οπαδοί των αβρααμικών θρησκειών γελοιοποιούν και απορρίπτουν την ιδέα της εξωγήινης ζωής, αλλά δεν έχουν κανένα πρόβλημα να πιστεύουν στις δικές τους δεισιδαιμονίες, όπως αγίους και θαύματα, ανθρώπους που περπατούν στο νερό, την Παναγία που κατεβαίνει από τον ουρανό μπροστά τους, αγγέλους που εμφανίζονται ή τον Ιησού που μιλάει στο κεφάλι τους. Αυτοί οι άνθρωποι είναι θύματα των δικών τους ψευδαισθήσεων και της βλακείας τους, και ως εκ τούτου χειραγωγούνται εύκολα από την προηγμένη εξωγήινη τεχνολογία. Εκμεταλλευόμενοι τη σχιζοφρενική κατάσταση των μαζών και το επίπεδο άγνοιάς τους, τα όντα αυτά είναι σε θέση να μεταδίδουν μηνύματα και εντολές που στη συνέχεια υπακούουν και εκτελούνται χωρίς να αμφισβητούνται οι προθέσεις και οι σκοποί τους, όπως ακριβώς συνέβη και με τα λεγόμενα ιερά βιβλία.

Μια ακόμη μεγαλύτερη εξαπάτηση θα πρέπει να έρθει μέσω της εκπλήρωσης αυτής της ανοησίας, κατά την οποία αυτό που περιμένουν οι πολλές θρησκείες του κόσμου θα τους προσφερθεί ακριβώς όπως το θέλουν: ένας θρησκευτικός πόλεμος που θα ακολουθηθεί από αγγέλους που θα κατέβουν από τον ουρανό για να σώσουν τους οπαδούς τους. Εν τω μεταξύ, υπάρχει μια τέτοια αποσύνδεση μεταξύ του παρόντος και του παρελθόντος που λίγοι άνθρωποι συνειδητοποιούν ότι οι τελετουργίες τους είναι πολύ παλαιότερες και είχαν διαφορετικά νοήματα. Το βάπτισμα, για παράδειγμα, ξεκίνησε πολύ νωρίτερα. Οι αρχαίοι Σουμέριοι λάτρευαν τον θεό Ένκι (ή Εα) στον ναό του στην πόλη Εριντού με μια τελετουργία εξαγνισμού με πλύσιμο στο ποτάμι, επειδή ο Ένκι ήταν επίσης γνωστός ως θεός του νερού, της μαγείας και της γοητείας.

Ο Ένκι ήταν ένας δημιουργός που έκανε τους ανθρώπους σκλάβους των θεών (στον Άρη) και στη συνέχεια τους έκανε ανεξάρτητους από τους ίδιους θεούς (στη Γη). Συνδέθηκε επίσης με το σπέρμα και το αμνιακό υγρό, και επομένως με τη γονιμότητα. Το σύμβολο του σταυρού ή του ankh, που θεωρείται σύμβολο γονιμότητας και υιοθετήθηκε αργότερα από την αρχαία Αίγυπτο, αλλά και από τους παγανιστές και τους χριστιανούς, είναι μια από τις παραστάσεις του Enki, του Εωσφόρου, που συμβολίζει την ένωση του άνδρα και της γυναίκας κατά τη διάρκεια του σεξ. Ο Ένκι αναπαρίστατο επίσης συνήθως ως ένα πλάσμα μισό κατσίκι, μισό ψάρι, από το οποίο προέρχεται η σύγχρονη αστρολογική μορφή του Αιγόκερω. Στη βαβυλωνιακή μυθολογία, ήταν γνωστός ως πατέρας του Μαρντούκ, του θεού του νερού, της βλάστησης, της κρίσης και της μαγείας. Αργότερα, στην ελληνική μυθολογία, ο Ενλίλ έγινε το σουμεριακό αντίστοιχο του Δία, ενώ ο Ένκι έγινε το αντίστοιχο του Ποσειδώνα.

Το παγκόσμιο τελετουργικό της εμβάπτισης σε εξαγνιστικά νερά, που ήταν κοινό στις πρώιμες μεσοποταμιακές, αιγυπτιακές και ανατολικές θρησκείες και εξακολουθεί να εφαρμόζεται στον Ινδουισμό, σε διάφορες θρησκείες των ιθαγενών της Αμερικής και στον Ιουδαϊσμό, αποτελεί ένδειξη αφοσίωσης στον Ένκι. Η μίτρα, το καπέλο του Καθολικού Πάπα, αντιπροσωπεύει επίσης τον Ποσειδώνα, τον Ένκι και τον Εωσφόρο και προέρχεται από το Σουμερό. Καθώς ο Ένκι ήταν επίσης γνωστός ως ο θεός των ψαριών του Σουμερίου, οι πρώτοι ιερείς του, ή οι αντιπρόσωποί του στον λαό, ήταν πάντα ντυμένοι με στολές ψαριών. Όταν ο Ιησούς ζήτησε να βαπτιστεί, εκτελούσε αυτή την τελετουργία και δεσμεύτηκε ως υπηρέτης του Εωσφόρου, του Φωτός της Αλήθειας.

Η εποχή των Ιχθύων αρχίζει με τη γέννηση του Ιησού, επειδή οι Ιχθείς αντιπροσωπεύουν τον Ένκι. Ως εκ τούτου, ο Ιησούς παρουσιάζεται ως Υιός του Θεού, δηλαδή ως Υιός του Νερού και του Εωσφόρου. Ισχυριζόμενοι ότι ο Ιησούς είναι ο Υιός του Θεού, οι Χριστιανοί λένε κυριολεκτικά ότι είναι ο γιος του Εωσφόρου, πράγμα που σημαίνει ότι είναι επίσης μετενσάρκωση του Μαρντούκ - του Βαβυλώνιου θεού της κρίσης και της μαγείας, γιου του Ένκι. Λαμβάνοντας υπόψη ότι ο Εωσφόρος απεικονίζεται ως κεφάλι κατσίκας ή Βαφομέτ, και απεικονιζόταν από τους ιερείς του με κεφάλι ψαριού, και είναι γνωστός ως ο θεός της ελευθερίας και του ατομικισμού, δεν υπάρχει πραγματικά καμία διαφορά μεταξύ του Καθολικισμού και άλλων μορφών Χριστιανισμού, του Σατανισμού, του Εωσφορικισμού, της Μασονίας, του Ινδουισμού και πολλών άλλων θρησκευτικών δοξασιών. Είναι όλες διαφορετικές πτυχές και ερμηνείες των ίδιων εννοιών.

Καθώς το σύμβολο του Εωσφόρου, του δημιουργού του Αδάμ, είναι η γονιμότητα, δεν υπάρχει επίσης καμία διαφορά μεταξύ του νοήματος των οβελίσκων που βρίσκονται στην Αίγυπτο, την Ουάσιγκτον (ΗΠΑ) και σε πολλές άλλες πόλεις σε όλο τον κόσμο (συμπεριλαμβανομένης της Οδησσού, Ουκρανία) και του χριστιανικού σταυρού, οι οποίοι είναι σεξουαλικά σύμβολα, όπως και τα σιντριβάνια στο κέντρο πολλών πόλεων. Ο οβελίσκος αντιπροσωπεύει τον φαλλό ή το πέος του Εωσφόρου- το σιντριβάνι είναι σύμβολο του σπέρματος του Εωσφόρου- και ο χριστιανικός σταυρός αντιπροσωπεύει την ανθρώπινη αναπαραγωγή, δηλαδή το σεξ σε ιεραποστολική στάση, με τον άνδρα πάνω στη γυναίκα, που κατέστη δυνατό μόνο από τον Εωσφόρο. Με άλλα λόγια, οι Χριστιανοί θα μπορούσαν να κυκλοφορούν με κάποιο άλλο σεξουαλικό αντικείμενο, όπως ένα πέος, γύρω από το λαιμό τους αντί για σταυρό, και το νόημα θα ήταν το ίδιο. Αυτά τα σύμβολα γονιμότητας αντιπροσωπεύουν την ελευθερία από τη δουλεία και αποδίδονται σε έναν μόνο Θεό, γι' αυτό και ο Εωσφόρος δεν ήθελε η ανθρωπότητα να είναι πολυθεϊστική.

Ο σκοπός του «χριστιανού γιου του, του Ιησού», ήταν να απελευθερώσει την ανθρωπότητα από τη δουλεία που επέβαλαν οι άλλες θρησκείες. Ήταν όμως ο Ιησούς πραγματικά ο γιος του Εωσφόρου ή απλώς ένας εκπρόσωπος της πίστης του στην ανθρωπότητα; Η απάντηση είναι προφανής, αλλά ο Ιησούς όντως είπε: «Εσείς είστε θεοί, είστε όλοι γιοι του Υψίστου» (Ψαλμός 82:6). Ο Ιησούς μας προειδοποίησε επίσης για τη μεγάλη απάτη που εκδηλώνεται χρησιμοποιώντας την ιστορία Του για να κάνει ακριβώς το αντίθετο, όταν είπε: «Πολλοί θα έρθουν στο όνομά μου, λέγοντας ότι με αντιπροσωπεύουν, και θα πλανήσουν πολλούς- αλλά δεν πρέπει να τους ακολουθήσετε» (Ματθαίος 24:5). Κάθε χριστιανικό εκκλησίασμα πιστεύει ότι ο Ιησούς αναφερόταν σε κάποια άλλη ομάδα και ότι η δική του είναι η ξεχωριστή, χωρίς να συνειδητοποιεί ότι στην πραγματικότητα αναφερόταν σε όλους αυτούς.

Κεφάλαιο 13: Η αυγή της Νέας Εποχής

Η Εποχή του Ιησού, ή Ιχθύων, έληξε το 2020, το έτος κατά το οποίο αρχίζει η Εποχή του Υδροχόου, ή η Εποχή της Αποκάλυψης της Αλήθειας. Είναι ενδιαφέρον να σημειωθεί ότι το 2020 ήταν το έτος που η ανθρωπότητα ενώθηκε παγκοσμίως για πρώτη φορά, αν και με αρνητικό τρόπο, κάτω από την ίδια απειλή: τον φόβο του θανάτου από μόλυνση. Ο Ρόναλντ Ρέιγκαν, ο 40ός πρόεδρος των ΗΠΑ, είχε δίκιο όταν δήλωσε στη Γενική Συνέλευση του ΟΗΕ το 1987: «Οι παγκόσμιες διαφορές μας θα εξαφανίζονταν αν αντιμετωπίζαμε μια εξωγήινη απειλή από το εξωτερικό αυτού του κόσμου».

Αυτή η απειλή προσπαθεί να διορθώσει το «γενετικό σφάλμα» των Σουμερίων, τροποποιώντας γενετικά ξανά τα ανθρώπινα όντα, αλλά αυτή τη φορά για να χάσουν όλοι την ικανότητα να ανυψωθούν και να αποκτήσουν συνείδηση ενός ανώτερου πεδίου, χάνοντας έτσι τη δυνατότητα ενσωμάτωσης στην 4η Πυκνότητα, η οποία αναμενόταν με την Εποχή του Υδροχόου. Το Σημάδι του Θηρίου, από την άποψη των Σουμερίων, είναι ένα σημάδι πίστης και αφοσίωσης, το οποίο αντιπροσωπεύεται στον σύγχρονο κόσμο μας από τις πολλές κυβερνήσεις του πλανήτη. Επειδή οι άνθρωποι φοβούνται ότι θα πεθάνουν ή ότι θα υποστούν διακρίσεις από τις κυβερνήσεις τους και ότι θα χάσουν τα βασικά τους δικαιώματα, κάνουν εμβόλια που αλλάζουν το DNA τους και μεταμφιέζονται σε θεραπείες, οι οποίες με τη σειρά τους μπλοκάρουν τις δυνατότητές τους για ανάληψη. Στη συνέχεια, υποκύπτουν σε όλους τους περιορισμούς που επιβάλλονται για να τους εμποδίσουν να αφυπνιστούν.

Αυτός είναι ο λόγος για τον οποίο η Βίβλος λέει: «Θα εξαπατήσουν τους εκλεκτούς» (Ματθαίος 24:24). Είναι πολύ εύκολο να εξαπατήσει κανείς τους εκλεκτούς όταν αυτοί έχουν χαθεί σε παρερμηνείες για πολλά χρόνια. Αλλά το μόνο που είχαν να κάνουν ήταν να εκμεταλλευτούν αυτό που συμβαίνει φυσιολογικά. Η Εποχή του Υδροχόου, σύμβολο του νερού, αντιπροσωπεύει τη στιγμή που η άνοδος που προώθησε ο Εωσφόρος θα αφομοιωθεί τελικά από την ανθρωπότητα. Η ανθρωπότητα τότε θα ενταχθεί στην κοσμική ευθυγράμμιση στους ουρανούς, αποτελώντας μέρος των πολλών εξωγήινων οικογενειών. Αυτό συμβαίνει φυσικά, μέσω της αφύπνισης των αισθήσεων του ατόμου, και μπορεί να αποτραπεί μόνο με την καταστολή αυτής της ευκαιρίας, γεγονός που εξηγεί την εμμονή τόσων πολλών κυβερνήσεων να εμποδίζουν τους ανθρώπους να λάβουν το φως του ήλιου.

Η αύξηση της εμφάνισης των ΑΤΙΑ στον ουρανό τα τελευταία χρόνια σχετίζεται με αυτά τα γεγονότα. Τα ανθρώπινα όντα αποκτούν την ευκαιρία να ανυψωθούν μέσω της συνείδησης, γεγονός που θα τους δώσει την ευκαιρία να λάβουν περισσότερη σοφία από άλλα όντα. Η τελική μάχη που περιγράφεται στη Βίβλο είναι μια μάχη μεταξύ των υποστηρικτών της δουλείας και των αγγελιοφόρων της ελευθερίας. Σε αυτήν, τα ανθρώπινα όντα πρέπει να επιλέξουν μεταξύ του Ενλίλ, ο οποίος αντιπροσωπεύει τους εξωγήινους που θέλουν να υποδουλώσουν την ανθρωπότητα και να τη συγχωνεύσουν με την τεχνολογία τεχνητής νοημοσύνης, δημιουργώντας υπάκουα σάιμποργκ, και του Ένκι, ο οποίος αντιπροσωπεύει τους εξωγήινους που θέλουν τα ανθρώπινα όντα στη Γη να ανυψωθούν στη συνείδηση και να ενωθούν μαζί τους ως διαγαλαξιακή φυλή.

Αυτό το νόημα, όπως παρουσιάζεται από τη Βίβλο, έχει διαστρεβλωθεί έτσι ώστε τα ανθρώπινα όντα να αρνούνται αυτή την αφύπνιση, η οποία φυσικά διευκολύνεται από μια νέα πλανητική ευθυγράμμιση στο σύμπαν. Η Εποχή του Υδροχόου είναι η Εποχή της Συνείδησης, και μπορεί να σπαταληθεί και να απορριφθεί μόνο με την υποταγή στο δόγμα και στην ανάγκη να «κατέβει ο ουρανός στη γη», αντί για το αντίθετο: την άνοδο των ανθρώπινων όντων σε μια θέση ισότητας με άλλες εξωγήινες φυλές, μακριά από την πλανητική απομόνωση που βιώνουν τώρα. Ακολουθώντας αυτή την ερμηνεία, βλέπουμε ότι πολλές θρησκείες, αντί να απελευθερώνουν την ανθρωπότητα, την γονατίζουν, με τη βοήθεια των γήινων κυβερνήσεων, οι οποίες επιδιώκουν να επωφεληθούν από τη συνεχιζόμενη υποδούλωση της ανθρωπότητας και να διατηρήσουν τις ιεραρχίες που υπάρχουν εδώ και χιλιάδες χρόνια. Αυτό συμβαίνει επειδή, καθώς η ανθρωπότητα αφυπνίζεται και βλέπει την αλήθεια, η δύναμη των σημερινών κυβερνήσεων και θρησκειών θα πάψει να υπάρχει. Θα απορριφθούν, καθώς οι άνθρωποι θα συνειδητοποιήσουν τις απάτες και τα ψέματά τους.

Αυτό είναι το νόημα της βιβλικής Αποκάλυψης: η τελική καταστροφή του παλιού κόσμου για να ξεκινήσει μια νέα εποχή για την ανθρωπότητα. Αποκάλυψη σημαίνει κυριολεκτικά «αποκάλυψη», δηλαδή αποκάλυψη της αλήθειας, που σημαίνει ότι οι άνθρωποι δεν θα κρατούνται πλέον στο σκοτάδι, αιχμάλωτοι των δεισιδαιμονιών και των χειρισμών των ισχυρών. Θα απελευθερωθούν από τη δύναμη της αλήθειας που ήταν κρυμμένη από αυτούς. Τότε θα δοθεί στην ανθρωπότητα το δικαίωμα να ανέλθει σε μια ανώτερη συνείδηση, απελευθερωμένη από την κατάσταση στην οποία την κρατούσαν επί χιλιάδες χρόνια.

Σε αυτό το σενάριο, οποιοσδήποτε προφήτης, όπως ο Ιησούς, είναι αναπόφευκτα ένας Εωσφοριστής - ένας οπαδός των διδασκαλιών και των πράξεων του Εωσφόρου - που επιδιώκει να απελευθερώσει την ανθρωπότητα από την κατάσταση της δουλείας της, να την αφυπνίσει στη θεϊκή της φύση και να την ανυψώσει στην κατάσταση των θεών. Ακριβώς επειδή είπαν ότι όλοι οι άνθρωποι είναι θεοί και παιδιά των θεών, όπως είπε ο Ιησούς, οι προφήτες του παρελθόντος αντιτάχθηκαν στην ιεραρχία του πλανήτη και κατέληξαν να απορρίπτονται από τις αδαείς μάζες, καθώς και να δολοφονούνται από εκείνους που κατείχαν την εξουσία ή τη θρησκευτική εξουσία. Η έναρξη της Εποχής του Υδροχόου φέρνει μαζί της τη δυνατότητα για την ανθρωπότητα να απελευθερωθεί από τα δεσμά της άγνοιας και της υποτέλειας. Αποδεχόμενοι την αλήθεια και απορρίπτοντας τις ψευδείς διδασκαλίες που μας κράτησαν στο σκοτάδι, θα ανέλθουμε σε μια ανώτερη κατάσταση συνείδησης και θα ενταχθούμε στην κοσμική ευθυγράμμιση στους ουρανούς.

Κεφάλαιο 14:
Η χειραγωγημένη αλήθεια

Η λέξη Σατανάς είναι η αγγλική μεταγραφή μιας εβραϊκής λέξης που σημαίνει «αντίπαλος», αλλά ο αντίπαλος του ανθρώπου είναι ο Ενλίλ και ο Θεός της αγάπης για την ανθρωπότητα είναι ο Εωσφόρος. Η κακή χρήση αυτών των δύο λέξεων έχει δημιουργήσει παρεξηγήσεις που έχουν οδηγήσει πολλούς να βλέπουν τη διαφώτιση ως κάτι κακό, ενώ ταυτόχρονα κάνουν το κακό να φαίνεται καλό. Ο αποκρυφισμός έχει συνδεθεί όχι με τη διαφώτιση, αλλά με το κακό. Αυτή η λανθασμένη ταύτιση είναι τόσο ισχυρή σήμερα που σχεδόν όλη η γνώση της πνευματικότητας, συμπεριλαμβανομένης της βιβλιοθήκης του Ναγκ Χαμάντι με τα πρωτότυπα βιβλικά κείμενα, διαχωρίζεται στη σφαίρα του αποκρυφισμού και θεωρείται ως κάτι κακό ή παράνομο.

Οι οπαδοί του Σατανά, ως οι πραγματικοί εχθροί της ανθρωπότητας, είναι εκείνοι που αντιστέκονται στη συλλογική αφύπνιση και την πνευματική άνοδο, επιλέγοντας τη σημερινή κατάσταση μουδιάσματος που κρατά τις μάζες αλυσοδεμένες στους αφέντες τους. Μπορούν να βρεθούν σε κάθε δόγμα που στοχεύει στην αντιστροφή του σκοπού της πνευματικής απελευθέρωσης, όπως τα δόγματα των αβρααμικών θρησκειών. Ωστόσο, υπάρχει μια επιλογή που πρέπει να κάνουμε σε ό,τι κάνουμε, και μπορούμε να επιλέξουμε την ελευθερία ανά πάσα στιγμή, αν είμαστε αρκετά γενναίοι για να απελευθερωθούμε από τις συναισθηματικές προσκολλήσεις που δημιουργούνται γύρω από άλλους απατηλούς ανθρώπους, οι οποίοι σίγουρα θα δείξουν τους δαίμονές τους όταν είμαστε ελεύθεροι.

Μεγάλο μέρος αυτής της χειραγώγησης υπάρχει γύρω από τις έννοιες του καλού και του κακού. Η δεισιδαιμονία, η ενοχή και ο φόβος, φιλτραρισμένα μέσα από έναν κόσμο χειραγωγημένων εννοιών και εννοιών, έχουν τυφλώσει τους ανθρώπους απέναντι στην αλήθεια. Αυτή η χειραγώγηση των εννοιών επέτρεψε στο σύστημα ιεραρχίας και θρησκευτικής εξουσίας των Σουμερίων να διατηρηθεί μέχρι σήμερα. Μέσω διαφόρων συμφωνιών και πολιτικών, οι έχοντες τον έλεγχο καταφέρνουν να λειτουργούν στη σκιά και πίσω από τους θεσμούς που εμπιστεύονται οι άνθρωποι. Ακόμη και η δύναμη του Πάπα περιορίζεται από εκείνους που ελέγχουν τα λόγια και τις πράξεις του. Όσοι δοκίμασαν τα όριά της δολοφονήθηκαν από τους ίδιους τους ανθρώπους τους.

Για τους λόγους αυτούς, όσοι φωτίζονται ή καθοδηγούνται από το Φως θεωρούνται ως εκείνοι που έχουν σπάσει τα μάγια που έχουν ρίξει πάνω στην ανθρωπότητα και βλέπουν πέρα από το πέπλο του ψεύδους. Πολλοί επίσης τους βλέπουν ως βουτηγμένους στις θρησκευτικές δεισιδαιμονίες, ως δαιμονισμένους ή ελεγχόμενους από κακές δυνάμεις, επειδή το κακό έχει συνδεθεί με την άρνηση της Ιεραρχίας των Δυνάμεων, όπως έκανε ο Εωσφόρος. Αυτή η χειραγώγηση του νοήματος κράτησε την πνευματική γνώση μακριά από τις μάζες και σχεδόν κατέστρεψε την αξιοπιστία και τον σκοπό της, συχνά διαφθαρμένη από εκείνους που προσπάθησαν να τη χρησιμοποιήσουν εναντίον των ανθρώπων που την ήθελαν.

Αντί για τόπους διαφώτισης, πολλές από τις υποσχέσεις των μυστικών εταιρειών μετατράπηκαν σε βαθύτερες μορφές διαφθοράς και χειραγώγησης. Δεδομένου ότι τα μέλη δεν το γνωρίζουν αυτό, δεν αντιλαμβάνονται πώς χρησιμοποιούνται για κακούς σκοπούς.

Είναι επίσης ενδιαφέρον να σημειωθεί ότι η Εκκλησία γενικά, από το Βατικανό μέχρι όλους τους άλλους κλάδους του Χριστιανισμού, συνδέει τις αποκρυφιστικές πρακτικές με δαιμονικές εκδηλώσεις και προσπαθεί να εμποδίσει τα μέλη της να έχουν πρόσβαση σε οτιδήποτε προάγει την αυτογνωσία ή την αυτοανάπτυξη. Η άγνοια και ο φόβος των μαζών επιτρέπει τον βαθύτερο έλεγχο μέσω της τεχνολογίας και των πληροφοριών, πολλές από τις οποίες έχουν εξωγήινη φύση. Αυτό αποδεικνύεται από το γεγονός ότι οι δαιμονισμένοι άνθρωποι ισχυρίζονται πάντα ότι ακούνε φωνές στο κεφάλι τους. Αυτός ο ψυχολογικός έλεγχος δεν διαφέρει από εκείνον που καταπιέζει τις μάζες με λιγότερο άμεσες μεθόδους και με μέσα που έχουν μάθει να θεωρούν ως τις δικές τους σκέψεις.

Όπου κι αν αναζητήσετε τη σωτηρία, θα βρείτε τους ίδιους μηχανισμούς ελέγχου: όλες οι αβρααμικές θρησκείες σας λένε να υπακούσετε σε έναν αόρατο Θεό που σας μιλάει μέσω του μυαλού, να μην αμφισβητείτε την εξουσία και την ερμηνεία των βιβλίων που συχνά έχουν αντιφατικά νοήματα και να είστε πρόθυμοι να υποδουλωθείτε σε μια κατάσταση πλήρους υποταγής σε αυτό που θεωρείται ανώτερη σοφία. Καταδικάζουν επίσης την απόκτηση γνώσεων για τον εαυτό μας, ιδίως αν αυτές έρχονται σε αντίθεση με τις ιδέες που προωθούνται από αυτά τα ιδρύματα. Αυτό οδηγεί συχνά στον αποκλεισμό από ομάδες, κάτι που επίσης φοβίζει τους ανθρώπους: διακρίσεις και διαχωρισμός ή, πιο συγκεκριμένα, η προοπτική να μείνουν μόνοι και να ξεκινήσουν από την αρχή.

Ο φόβος της αποπομπής από μια φυλή στην οποία αισθάνεσαι ότι ανήκεις είναι ένας πολύ παλιός φόβος, διότι μέχρι πριν από εκατοντάδες χρόνια σήμαινε συνήθως φτώχεια και θάνατο, αφού οι περισσότεροι άνθρωποι δεν μπορούσαν να επιβιώσουν μόνοι τους. Σήμερα, ωστόσο, η κατάσταση είναι πολύ διαφορετική. Οι άνθρωποι είναι απόλυτα ικανοί να ζήσουν μόνοι τους και να κάνουν μια νέα αρχή, ακόμη και να μετακομίσουν χώρες με ευκολία. Ωστόσο, ο υποσυνείδητος φόβος που υπάρχει στη γενετική μας δομή και στη μνήμη προηγούμενων μετενσαρκώσεων είναι ακόμα πολύ ζωντανός και χρησιμοποιείται από τη θρησκεία εναντίον των οπαδών της.

Με την ένταξή του σε μια θρησκευτική ομάδα, το άτομο κολακεύεται και βομβαρδίζεται με διάφορες μορφές προσοχής και επικύρωσης, οπότε μαθαίνει να φοβάται ότι θα χάσει τους συναισθηματικούς δεσμούς και την κοινωνική επικύρωση που έρχονται μαζί τους. Η τιμωρία για την προδοσία της νοοτροπίας της ομάδας είναι η απώλεια όλης αυτής της ψευδαισθητικής αγάπης. Αυτή η στρατηγική μοιάζει πολύ με εκείνη που χρησιμοποιούν τα άτομα με ναρκισσιστική διαταραχή προσωπικότητας για να κρατήσουν τα θύματά τους προσκολλημένα σε αυτά. Είναι μια τακτική ελέγχου του νου μέσω των συναισθημάτων, των αναγκών και των τρωτών σημείων των ίδιων των θυμάτων. Στην πραγματικότητα, το αγαπημένο θήραμα των περισσότερων θρησκειών είναι τα άτομα που τείνουν να αισθάνονται απομονωμένα από την κοινωνία. Αυτές οι ομάδες σπάνια ενδιαφέρονται για άτομα που έχουν πολλές γνωριμίες και μια υγιή κοινωνική ζωή, καθώς είναι πιο δύσκολο να τα ελέγξουν και να τα χειραγωγήσουν. Χρησιμοποιούν ακριβώς τις ίδιες τακτικές με τους ναρκισσιστές, τους ψυχοπαθείς και άλλους ανθρώπινους θηρευτές όταν αναζητούν θύματα, γεγονός που μπορεί να εξηγήσει γιατί βρίσκετε τόσες πολλές από αυτές τις επικίνδυνες προσωπικότητες σε ένα θρησκευτικό εκκλησίασμα.

Κεφάλαιο 15: Η Εδέμ αποκαλύφθηκε

Ο Κήπος της Εδέμ συμβολίζει πολύ καλά αυτό που ωθεί τους ανθρώπους να υπακούσουν σε εκείνους που τους υποδουλώνουν μέσω των Αβρααμικών θρησκειών. Στην πραγματικότητα, ήταν ένας πραγματικός κήπος στη Γη. «Ο Κήπος της Εδέμ που περιγράφεται στη Γένεση 2 μοιάζει πολύ με έναν βασιλικό κήπο ή έναν περσικό παράδεισο. Έχει άφθονο νερό στα ποτάμια που τον διαρρέουν, φρούτα και φυτά όλων των ειδών για τροφή και είναι «ευχάριστος στο μάτι». Ο Θεός ζει εκεί, ή τουλάχιστον επισκέπτεται τον Αδάμ και την Εύα όπως θα έκανε ένας βασιλιάς σε έναν βασιλικό κήπο» (Laura Hood, στο theconversation.com). Αυτή η ομοιότητα έχει λόγο ύπαρξης, διότι σύμφωνα με τα κείμενα των Σουμερίων, ο κήπος της Εδέμ (σουμεριακή λέξη που σημαίνει «επίπεδη γη») αναφέρεται ότι βρίσκεται στη Μεσοποταμία, μεταξύ των ποταμών Τίγρη και Ευφράτη, δηλαδή μεταξύ του σημερινού Ιράκ και του Ιράν, τα οποία σίγουρα έχουν υιοθετήσει την ίδια παράδοση στα δικά τους παλάτια. Τα κείμενα των Σουμερίων αναφέρουν επίσης ότι η Εδέμ αποτελούνταν από διάφορες πόλεις των Σουμερίων, κάθε μία από τις οποίες φυλασσόταν από τον δικό της θεό, και ότι αν και άνθρωποι και θεοί ζούσαν μαζί, οι άνθρωποι ήταν υπηρέτες των θεών.

Η ιδέα ότι υπήρχαν πολλοί θεοί αντί για έναν μόνο, προκαλούσε σύγχυση σε όσους ήθελαν να υιοθετήσουν μια μονοθεϊστική πίστη, οπότε οι θεοί αυτοί αντικαταστάθηκαν από αγγέλους στις θρησκευτικές γραφές. Παρόλο που το νόημα είναι το ίδιο, η ιδέα ότι υπάρχει ένας Θεός αντί για πολλούς θεούς καθιστά ευκολότερο τον έλεγχο των μαζών, οι οποίες γίνονται υποταγμένες σε μια ενιαία αρχή παρά σε ένα πλήθος ανώτερων όντων με διαφορετικές προσωπικότητες, τα οποία οι άνθρωποι μπορούν να ξεπεράσουν σε διάνοια και γνώση. Στην πραγματικότητα, η ιστορία του Αδάμ και της Εύας αποκτά ένα πολύ διαφορετικό νόημα αν ερμηνεύσουμε την επιθυμία τους να αποκτήσουν τη σοφία πολλών θεών και όχι ενός και μόνο θεού. Είναι φυσικό για τα ανθρώπινα όντα να θέλουν να εξελίσσονται και να γίνονται καλύτερα, οπότε δεν ήταν λάθος να θέλουν να γίνουν σαν τους θεούς.

Σύμφωνα με αρχαία κείμενα, υπήρχαν εκατοντάδες θεοί στην Εδέμ και αυτοί οι θεοί δεν διέφεραν και πολύ από τους ανθρώπους, μεταδίδοντας ασφαλώς πολλά έθιμα και παραδόσεις στους υπηρέτες τους. Τα κείμενα των Σουμερίων λένε ότι οι θεοί γλεντούσαν, έπιναν μπύρα και γελούσαν πολύ. Όταν τα ανθρώπινα όντα έφτασαν σε μια ανώτερη συνείδηση, συνειδητοποίησαν ότι αυτοί οι θεοί δεν ήταν τόσο ανώτεροι ή διαφορετικοί από αυτούς, αλλά απλώς πιο μορφωμένοι. Έτσι, τα ανθρώπινα όντα έλαβαν οδηγίες να μη λατρεύουν άλλους θεούς, λόγω της αντιπαλότητας μεταξύ τους και των σχεδίων τους.

Η λατινική λέξη «Εωσφόρος» σημαίνει «πρωινό αστέρι» ή «φωτοδότης», επειδή ο Εωσφόρος είναι αυτός που οδηγεί στη διαφώτιση, μια κατάσταση παρόμοια με το πρωινό ξύπνημα, που παρέχεται από τον ήλιο. Είναι αυτός που κάνει την ανθρωπότητα να δει. Με βάση αυτή την ιδέα, πολλοί αρχαίοι πολιτισμοί έμαθαν να λατρεύουν τον Εωσφόρο με την ανατολή του ήλιου, με την απόκτηση γνώσεων και με το σεξ με σκοπό την τεκνοποίηση.

Ο Ιησούς επιβεβαίωσε ότι ήταν οπαδός των εωσφορικών διδασκαλιών όταν μίλησε για τον Θεό ως εξής: «Δικό του είναι το αληθινό φως που φωτίζει τους πάντες»- (Ιωάννης 1:4, 9)- και ο ίδιος δήλωσε: «Εγώ είμαι το φως του κόσμου. Όποιος με ακολουθεί, δεν θα περπατήσει στο σκοτάδι, αλλά θα έχει το φως της ζωής» (Ιωάννης 8:12)- και "Όσο είμαι στον κόσμο, είμαι το φως του κόσμου" (Ιωάννης 9:15).

Ο Ιησούς ενδιαφερόταν για την ανύψωση της ανθρωπότητας μέσω μιας κατανόησης της ζωής και μιας ιδεολογίας που ο ίδιος ακολουθούσε. Ωστόσο, η βιβλική αφήγηση υιοθετεί μια διαφορετική λογική παρουσιάζοντας τον Εωσφόρο ως τον καταπιεστή, τον ηγέτη των έκπτωτων αγγέλων ή των επαναστατημένων θεών, αλλά και ως τον διάβολο, που σημαίνει «αντίπαλος» και «αντίπαλος» της ανθρωπότητας. Η λανθασμένη χρήση αυτών των λέξεων στη Βίβλο και στο Κοράνι είναι η ρίζα τόσων πολλών συγχύσεων σχετικά με τη θρησκεία.

Όταν ο άνθρωπος εκδιώχθηκε από την Εδέμ, έπρεπε να μάθει να επιβιώνει μόνος του, αλλά απελευθερώθηκε και από τους αφέντες του, κάτι που παραλληλίζεται με τη σημερινή κοινωνία, καθώς λίγοι άνθρωποι τολμούν να εγκαταλείψουν το σύστημα και να ζήσουν ανεξάρτητα. Οι περισσότεροι εξακολουθούν να θέλουν να ακολουθήσουν το γενετικό τους πρόγραμμα, επειδή αισθάνονται πιο άνετα να εργάζονται για τους άλλους, υποδουλώνοντας τον εαυτό τους σε εκείνους που θεωρούνται ανώτεροι. Η ιδέα ότι κάποιος που είναι ελεύθερος από το σύστημα είναι επαναστάτης, απόκληρος, εγκληματίας, είναι σίγουρα μια ζωντανή πνευματική ανάμνηση που εκδηλώνεται σήμερα όπως και τότε.

Οι άνθρωποι εξακολουθούν να ενεργούν σύμφωνα με το γενετικό τους πρόγραμμα, όπως το προορίζουν τα αφεντικά τους, και εξακολουθούν να φοβούνται να χτίσουν τη δική τους ζωή ανεξάρτητα και ξεχωριστά από το σύστημα που γνωρίζουν. Στην πραγματικότητα, πολλοί άνθρωποι που γνωρίζω, ειδικά εκείνοι που ανήκουν σε κάποια θρησκεία, δεν με βλέπουν ως προφήτη, αλλά ως δαίμονα, επειδή κατέχω γνώσεις που υπερβαίνουν και εξαφανίζουν τα δόγματά τους. Με βλέπουν ως απειλή και προσβολή για την ύπαρξή τους, όχι ως κάποιον από τον οποίο μπορούν να μάθουν. Με θεωρούν κακό επειδή γνωρίζω πάρα πολλά και αμφισβητώ τα ψέματα που κηρύττουν. Έτσι, τίποτα δεν έχει αλλάξει μέσα σε χιλιάδες χρόνια απόλυτου παραλογισμού, σκοταδισμού και άγνοιας, εκτός ίσως από το γεγονός ότι οι άνθρωποι δεν καίγονται ζωντανοί σε δημόσιες πλατείες επειδή γράφουν αυτό που δισεκατομμύρια αδαείς ψυχές εξακολουθούν να θεωρούν βλασφημία.

Η θρησκεία ενισχύει αυτό το γενετικό πρόγραμμα κρατώντας τους ανθρώπους υπάκουους και μπερδεύοντας τους πιστούς με τα λόγια. Με αυτόν τον τρόπο, ο εχθρός έχει κάνει τους Χριστιανούς να λατρεύουν όχι τον Σωτήρα, αλλά τον καταπιεστή, και στη συνέχεια να διατηρούν τις ίδιες αξίες που επέβαλαν οι καταπιεστές του παρελθόντος. Στην πραγματικότητα, ο καλύτερος τρόπος για να καταπιέσεις κάποιον είναι να τον κρατήσεις σε άγνοια και στο σκοτάδι, επειδή η άγνοια είναι η απουσία της γνώσης, που είναι η ελληνική λέξη για τη γνώση ή την πληροφορία. Ο Ιησούς το επιβεβαίωσε αυτό όταν είπε: «Το φως ήρθε στον κόσμο, αλλά οι άνθρωποι αγάπησαν το σκοτάδι αντί για το φως» (Ιωάννης 3:19). Όπως και στην εποχή Του, έτσι και σήμερα οι άνθρωποι προτιμούν να παραμένουν σε άγνοια παρά να λαμβάνουν πληροφορίες που θα τους διαφώτιζαν, επειδή φοβούνται να είναι ελεύθεροι.

Κεφάλαιο 16: Το σκοτάδι που αποδέχονται οι άνθρωποι

Αν το φως είναι η γνώση, το σκοτάδι είναι η άγνοια. Αυτός είναι ο λόγος για τον οποίο οι Χριστιανοί θεωρούν τα Γνωστικά γραπτά ως αίρεση και το Βατικανό περιορίζει την πρόσβαση του κοινού στη βιβλιοθήκη του, επειδή αυτός είναι, στην πραγματικότητα, ο δρόμος του σκότους: να δεχόμαστε παθητικά ό,τι μας λένε χωρίς να αμφισβητούμε την εγκυρότητά του. Υπολογίζεται ότι τα μυστικά αρχεία του Βατικανού περιλαμβάνουν 85 χιλιόμετρα ράφια, με 35.000 τόμους μόνο στον επιλεκτικό κατάλογο.

Ο Ιησούς μας προειδοποίησε εναντίον αυτών των ανθρώπων όταν είπε: «Προσέχετε τους ψευδοπροφήτες, διότι έρχονται σε σας με ένδυμα προβάτου, αλλά από μέσα είναι άγριοι λύκοι» (Ματθαίος 7:15)- «Πολλοί θα έρθουν στο όνομά μου, ισχυριζόμενοι ότι ο καιρός είναι κοντά. Μην τους ακολουθήσετε!» (Λουκάς 21:8). Είναι σαφές ότι ο Ιησούς αναφερόταν στους Χριστιανούς και τους Μουσουλμάνους, διότι είναι αυτοί που ακολουθούν ένα βιβλίο ψεύδους, ενώ προσπαθούν να προσηλυτίσουν τους άλλους από φόβο για την προφητεία των εσχάτων καιρών. Απορρίπτουν την αλήθεια και την αυτογνωσία και αποσιωπούν πληροφορίες σχετικές με τη σωτηρία μας. Είναι λύκοι με ένδυμα προβάτου, καθώς χειραγωγούν και διαστρεβλώνουν την αλήθεια για να προωθήσουν το ψέμα.

Οι εχθροί της διαφώτισης είναι το δόγμα, η δεισιδαιμονία και η άγνοια, όπως αυτές που συναντάμε σήμερα σε πολλές θρησκείες. Με αυτά τα χαρακτηριστικά να εμποδίζουν την όρασή σας, δεν είναι δυνατόν να δείτε την αλήθεια. Ο πόλεμος που περιγράφει ο Χριστός είναι ένας πόλεμος κατά των λαϊκών θρησκειών, και ο Αντίχριστος πρέπει να είναι μια αντιπροσώπευση αυτών των ίδιων θρησκειών: μια αντι-συνείδηση, μια αντι-διαφώτιση ή μια αντι-εξέλιξη. Ο Αντίχριστος θα έρθει αναγκαστικά μέσα από αυτές τις ομάδες και πιθανότατα θα είναι κάποιος που θα τις ενώσει, όπως ακριβώς οι Άρχοντες της Εδέμ ενώθηκαν σε έναν μόνο Θεό όταν δημιούργησαν τον μονοθεϊσμό. Και αν αυτός ο Αντίχριστος είναι άνθρωπος, θα μπορούσε να είναι ο Πάπας; Ή μήπως δεν είναι άνθρωπος, αλλά μια έννοια, μια ιδέα;

Είναι ενδιαφέρον ότι οι πλάνες του Αντιχρίστου σύμφωνα με το Κοράνι μοιάζουν πολύ με αυτά που λένε οι Μάρτυρες του Ιεχωβά για τις πράξεις του δικού τους Χριστιανικού Θεού. Και οι δύο πιστεύουν ότι οι άνθρωποι θα αναστηθούν από τους νεκρούς, με τη διαφορά ότι για τους Μουσουλμάνους, αυτό είναι ένα τέχνασμα που εκτελείται από τον ψεύτικο θεό τους. Σύμφωνα με τις ισλαμικές γραφές, ο Dajjal (ή Αντίχριστος, που οι Μουσουλμάνοι πιστεύουν ότι είναι Εβραίος) θα πει: «Τι θα γίνει αν επαναφέρω τον πατέρα και τη μητέρα σου στη ζωή για σένα; Τότε θα μαρτυρήσετε ότι εγώ είμαι ο Κύριός σας;». Θα πείτε: «Ναι», και τότε δύο δαίμονες θα πάρουν τη μορφή του πατέρα και της μητέρας σας και θα πουν: «Ακολουθήστε τον, γιατί αυτός είναι ο Κύριός σας. Αυτό θα μπορούσε να είναι μια περιγραφή της πράξης της ανθρώπινης κλωνοποίησης, ένα χαρακτηριστικό που κατέστη δυνατό από προηγμένη τεχνολογία που δημιουργήθηκε στη Γη ή από εξωγήινους, ή με τη συνεργασία και των δύο.

Όσον αφορά την πιθανότητα το Ισραήλ να γίνει η γενέτειρα του Αντιχρίστου, όπως πιστεύουν οι Μουσουλμάνοι, αυτό είναι επίσης μέσα στη σφαίρα των πιθανών γεγονότων, ειδικά αν κοιτάξουμε τη σημαία του Ισραήλ και παρατηρήσουμε ότι περιέχει το σύμβολο του Μολώχ, ο οποίος δεν έχει καμία σχέση με τον βασιλιά Δαβίδ του Ιουδαϊσμού. Ο Μολώχ αναφέρεται ονομαστικά στη Βίβλο (στο Ιερεμίας 32:35), όπου σχετίζεται με τον Βάαλ, που σημαίνει «ιδιοκτήτης» ή «άρχοντας» στις βορειοδυτικές σημιτικές γλώσσες που μιλούσαν στο Λεβάντε στην αρχαιότητα. Αργότερα, άρχισε να εφαρμόζεται σε θεούς, στον πληθυντικό αριθμό και όχι στον ενικό.

Ο Μολέχ είναι επίσης ένα άλλο όνομα για τον Μπελ-Μαρντούκ, τον γιο του Ένκι και την κύρια θεότητα της Βαβυλώνας. Σύμφωνα με τις διδασκαλίες του Ιησού, ο Μαρντούκ, ως γιος του Ένκι, ο φέρων το φως, μετενσαρκώνεται ως ο ίδιος. Ο Ιησούς αναφέρεται στον Ένκι ως πατέρα του, γεγονός που καθιστά τον Χριστιανισμό συνέχεια της βαβυλωνιακής θρησκείας. Βλέπουμε την επιβεβαίωση αυτού στην προσευχή του, την οποία οι Χριστιανοί επαναλαμβάνουν ασυνείδητα και η οποία τελειώνει με το «Αμήν», μια λέξη αιγυπτιακής προέλευσης που σημαίνει «Άμμωνας».

Ο Άμμωνας ήταν ο αιγυπτιακός θεός του αποκρυφισμού, που αναπαρίσταται ως κριάρι με κυρτά κέρατα. Κατά τη διάρκεια του Μέσου Βασιλείου (περ. 2055-1650 π.Χ.), ο Άμμωνας και ο Ρα συγχωνεύτηκαν ως δύο θεοί σε έναν (ή η ιδέα ότι ο Πατέρας και ο Υιός είναι ένας και μοναδικός). Ως θεός του ήλιου, ο Ρα ήταν μια από τις σημαντικότερες και ευρύτερα λατρευόμενες θεότητες στην Αρχαία Αίγυπτο, που σχετιζόταν με τον ήλιο, το φως και την ανάπτυξη. Ο Ρα πίστευαν ότι κυβερνούσε τους ουρανούς, τη γη και τον κάτω κόσμο και ήταν στενά συνδεδεμένος με τους φαραώ, οι οποίοι θεωρούνταν οι εκπρόσωποί του στη γη.

Η λέξη «Αμήν» εμφανίζεται στα εβραϊκά και χρησιμοποιείται για να εκφράσει τη συμφωνία, την επιβεβαίωση ή την απόλυτη υπακοή στην πίστη. Επομένως, όταν οι Χριστιανοί τελειώνουν τις προσευχές τους με το «Αμήν», εκφράζουν την πίστη τους στον θεό Αμούν-Ρα, τον Πατέρα και τον Υιό, τους δύο ως ένα, τον κυβερνήτη του φωτός, του αποκρυφισμού και του κάτω κόσμου ή της κόλασης. Αν ο Μολέχ και ο Βάαλ είναι ο ίδιος θεός, και ο Μολέχ είναι ένα άλλο όνομα για τον Μαρντούκ, ο οποίος είναι επίσης ο γιος του Ένκι, του οποίου ο Ιησούς ισχυρίστηκε ότι είναι γιος, και του Άμμωνα-Ρα, ως Πατέρας και Υιός, δεν θα λάτρευαν όλοι τους ίδιους θεούς;

Πώς μπορούμε να διακρίνουμε τον Χριστό ως ένα καλό ον, αν εκπροσωπεί τον Βάαλ, τον άρχοντα της Γης; Ή μήπως ο Αντίχριστος θα ήταν μια καλή θεότητα σε αυτό το σενάριο; Φαίνεται ότι είτε ο Ιησούς μιλούσε για έναν θεό που δεν λατρεύεται ποτέ, είτε ο ίδιος εκπροσωπούσε κακές δυνάμεις. Αν ο Αντίχριστος είναι ο ίδιος ο Ιησούς, ο Βάαλ, ο Μαρντούκ, ο Μολέχ και ο Αμών, ο πρίγκιπας και κυβερνήτης της Γης, τότε πρέπει να λάβουμε υπόψη ότι διαφορετικές οντότητες εκπροσωπούνταν για να κρύψουν το ίδιο επίπεδο καταπίεσης και χειραγώγησης των μαζών, ανάλογα με τις ανάγκες της εποχής.

Αξίζει να σημειωθεί ότι ο Μολέχ ήταν ένας αρχαίος Χαναανίτης θεός που σχετιζόταν με τις παιδικές θυσίες, ο Βάαλ ήταν ο θεός της γονιμότητας και ο Αμών αντιπροσωπεύει τον ίδιο θεό. Ποια είναι λοιπόν η διαφορά μεταξύ του Ιησού όπως απεικονίζεται; Αυτό μπορεί να φανεί μπερδεμένο σε όσους περιμένουν την επιστροφή του Ιησού, όπως είναι γραφτό να είναι μπερδεμένο, ειδικά αν δεν περιμένουν ένα ον που θα τους υποτάξει και θα θυσιάσει τα παιδιά τους. Ωστόσο, αυτή θα ήταν η μεγαλύτερη απάτη: εξωγήινα όντα που συνεργάζονται με κυβερνήσεις για να αποκαταστήσουν τη βαβυλωνιακή πίστη, με τον Ιησού στο επίκεντρο.

Ο Πάπας δεν θα ήθελε να χάσει το πλοίο, οπότε είναι προς το συμφέρον του να ενωθούν ο Χριστιανισμός, το Ισλάμ και ο Ιουδαϊσμός σε αυτή την παγκόσμια απάτη. Αλλά θα ήταν επίσης ενδιαφέρον να δούμε πώς τα πολλά δισεκατομμύρια πρόβατα που λατρεύουν αυτόν τον θεό ήλιο θα υποδουλώσουν οικειοθελώς τους εαυτούς τους στο όνομα της τυφλής τους πίστης, με αποκορύφωμα την επιστροφή στην καταγωγή τους ως σκλάβοι με νοητική υστέρηση, τόσο απίστευτα ηλίθιοι που δεν αντιλαμβάνονται ότι είναι γυμνοί, που τους φέρονται σαν ζώα στο όνομα της απόλυτης υποταγής σε εξωγήινες δυνάμεις.

Ένας άλλος παραλληλισμός με τις αρχαίες θρησκείες είναι το γεγονός ότι, καθώς η λατρεία του Βάαλ αυξανόταν σε σημασία, η λέξη Βάαλ θεωρήθηκε πολύ ιερή για να προφέρεται δυνατά από οποιονδήποτε εκτός από τον αρχιερέα, και αντί γι' αυτό άρχισε να χρησιμοποιείται το ψευδώνυμο «Κύριος». Οι Βαβυλώνιοι χρησιμοποίησαν τότε τη λέξη «Bel» (που σημαίνει «Κύριος») και οι Ισραηλίτες χρησιμοποίησαν τη λέξη «Adonai» (που σημαίνει «Κύριοι») για τον ίδιο σκοπό και με την ίδια σημασία. Η λέξη «Βάαλ» αντικαταστάθηκε από τη λέξη «Γιαχβέ» στην αρχή της ισραηλιτικής ιστορίας για να δηλώσει Εκείνον που προκαλεί τη δημιουργία.

Κεφάλαιο 17:
Η απάτη αποκαλύπτεται

Ο Γιαχβέ, ο Μολώχ, ο Μαρντούκ, ο Βάαλ και ο Ιησούς ήρθαν να αντιπροσωπεύσουν την ίδια οντότητα, γι' αυτό και ο Ιησούς παρουσιάζεται από πολλές ομάδες ως ο Υιός του Θεού και ο ίδιος ο Θεός. Ο ηλιακός δίσκος, που ονομαζόταν «Ατέν», ήταν ένα σημαντικό σύμβολο που αντιπροσώπευε τη ζωτική ενέργεια του ήλιου και τη σύνδεση του φαραώ με τη θεϊκή δύναμη. Το σύμβολο αυτό παρατηρείται σήμερα σε απεικονίσεις του Ιησού με έναν ηλιακό δίσκο πίσω από το κεφάλι του. Ωστόσο, αυτός ο συμβολισμός γίνεται σαφέστερος όταν συνειδητοποιήσουμε ότι ο Ιησούς παρουσιάστηκε ως μέρος μιας προσαρμογής της ίδιας λαογραφίας, που πιθανώς επινοήθηκε από τους Έλληνες με βάση μια σύνθεση ιστορικών γεγονότων και την ανάγκη για πιο περίπλοκες θρησκευτικές αφηγήσεις.

Το γεγονός ότι η Καινή Διαθήκη γράφτηκε πιθανώς αρχικά στα Κινέζικα, την κοινή ελληνική διάλεκτο της ανατολικής Μεσογείου κατά την ελληνιστική και τη ρωμαϊκή περίοδο, και στη συνέχεια μεταφράστηκε σε άλλες γλώσσες, συμπεριλαμβανομένων των λατινικών, των κοπτικών, των συριακών και, αργότερα, των εβραϊκών και των αραμαϊκών, και όχι το αντίστροφο, είναι μία από τις πολλές ενδείξεις προς αυτή την κατεύθυνση. Υπολογίζεται ότι τα βιβλία της Καινής Διαθήκης γράφτηκαν μεταξύ 50 και 150 μ.Χ., οπότε είναι εξαιρετικά απίθανο οι άνθρωποι εκείνης της εποχής να είχαν οποιαδήποτε ανάμνηση ενός ανθρώπου που έκανε θαύματα στην Παλαιστίνη, πόσο μάλλον να περπατούσε στο νερό και να αναστήσει νεκρούς. Επιπλέον, πολλοί πιστεύουν ότι η Βιβλιοθήκη της Αλεξάνδρειας, από την οποία πολλοί Έλληνες λόγιοι απέκτησαν τις γνώσεις τους, κάηκε από εκείνους που προσπάθησαν να κρύψουν την πηγή της νεοανακαλυφθείσας θρησκείας τους και τις αποδείξεις για τα ψεύδη και τις λογοκλοπές της.

Επιπλέον, αξίζει να σημειωθεί ότι η Καινή Διαθήκη παρουσιάζει επιρροές από τον ελληνιστικό πολιτισμό και τη φιλοσοφία, αντανακλώντας την επίδραση της ελληνιστικής σκέψης μέσω της αλληλεπίδρασης με τις τοπικές κοινότητες της εποχής. Όπως και πολλοί άλλοι μύθοι του ελληνικού πολυθεϊσμού, ο Χριστιανισμός παρουσιάστηκε ως μια καλύτερη ιστορία για να διασκεδάσει τις μάζες, οι οποίες κατέληξαν να πιστεύουν ότι οι θεοί ήταν πραγματικοί και να λατρεύουν τον Άμμωνα ως θεό τους, χωρίς καμία απόδειξη ιστορικής ακρίβειας. Στην πραγματικότητα, οι Έλληνες είχαν ήδη αντιγράψει και προσαρμόσει τη δική τους θρησκεία με βάση μελέτες που είχαν αποκτήσει στην Αίγυπτο και τη Μέση Ανατολή. Έτσι, δεν αποτελεί έκπληξη το γεγονός ότι επινόησαν μια λαογραφία πιο κατάλληλη για να διασκεδάσουν τις εύπιστες μάζες που, υποστηριζόμενες από τη Ρωμαϊκή Αυτοκρατορία, αναζητούσαν καλύτερες διδασκαλίες για την ηθική και την πίστη.

Το Κοράνι αναφέρει ότι ο προφήτης Ηλίας προειδοποίησε κατά της λατρείας του Βάαλ, λέγοντας: «Μήπως επικαλείστε τον Βάαλ και εγκαταλείπετε τον καλύτερο των Δημιουργών, τον Αλλάχ, τον Κύριό σας και τον Κύριο των πρώτων προγόνων σας;». Ωστόσο, αυτό σημαίνει ότι προειδοποιούσε κατά της λατρείας του Ιησού. Αν οι Χριστιανοί, οι Μουσουλμάνοι και οι Εβραίοι λατρεύουν «ένα πλήθος θεών», ενώ ισχυρίζονται ότι είναι μονοθεϊστές, θα μπορούσαμε να πούμε ότι αυτά τα χωρία, όπως και πολλά άλλα, πιθανότατα επινοήθηκαν από ανθρώπους που δεν ήξεραν για τι πράγμα μιλούσαν όταν επινόησαν μια ακόμη θρησκεία γεμάτη παραλογισμούς για να στρέψουν σκόπιμα διαφορετικές ομάδες η μία εναντίον της άλλης.

Η μεγάλη απάτη είναι ένας πολύπλοκος ιστός ψεμάτων και χειραγώγησης που έχει σχεδιαστεί για να κρατήσει την ανθρωπότητα σε κατάσταση άγνοιας και υποτέλειας. Όσο πιο συγκεχυμένες γίνονται οι ερμηνείες και όσο περισσότερο οι ιεροκήρυκες προσπαθούν να αποτρέψουν τους ανθρώπους από το να κάνουν ερωτήσεις, τόσο περισσότερο εξαπλώνεται η ανοησία, μέχρι του σημείου όπου ένα άτομο διακινδυνεύει τη ζωή του απλώς και μόνο αρνούμενο να την ακολουθήσει. Στην πραγματικότητα, σύμφωνα με τον κλασικό ισλαμικό νόμο, η αποστασία θεωρείται σοβαρό αδίκημα. Ορισμένες παραδοσιακές ερμηνείες προβλέπουν αυστηρές τιμωρίες, συμπεριλαμβανομένου του θανάτου, για όσους εγκαταλείπουν την πίστη.

Η άποψη αυτή βασίζεται σε ορισμένα χαντίθ (ρήσεις και πράξεις που αποδίδονται στον προφήτη Μωάμεθ) και στις ενέργειες της πρώιμης μουσουλμανικής κοινότητας. Στις χώρες όπου η αποστασία ποινικοποιείται, οι ποινές μπορεί να κυμαίνονται από πρόστιμα και φυλάκιση έως τη θανατική ποινή. Εκτός από τις νομικές συνέπειες, τα άτομα που εγκαταλείπουν το Ισλάμ μπορεί να αντιμετωπίσουν κοινωνικό στιγματισμό, εξοστρακισμό ή ακόμη και βία από τις οικογένειες ή τις κοινότητές τους. Αυτές οι κοινωνικές συνέπειες μπορεί να είναι σοβαρές και αποτελούν πραγματική ανησυχία για πολλά άτομα που αποφασίζουν να εγκαταλείψουν την πίστη.

Αυτό θα καθιστούσε το Ισλάμ Ανησυχία 3.0, αφού ο Χριστιανισμός εμφανίστηκε ως Ανησυχία 2.0. Αλλά ο παραλογισμός δεν τελειώνει ποτέ, ειδικά όταν εξετάζουμε τις σύγχρονες μορφές του χριστιανισμού που εμφανίζονται στις Ηνωμένες Πολιτείες. Είναι πολύ πιθανό ότι πλησιάζουμε στους έσχατους καιρούς με μια συγχώνευση των πιο σοβαρών και παράλογων θρησκειών, οι οποίες στη συνέχεια θα καταπιέσουν την ανθρωπότητα στο όνομα των ψεύτικων θεών.

Κεφάλαιο 18: Η Ανάληψη πλησιάζει

Οι Μουσουλμάνοι συγχέουν τη θρησκεία τους με τον Ιουδαϊσμό και τον Χριστιανισμό, αφομοιώνοντας τις ίδιες αρχές από μια νέα οπτική γωνία, επειδή έχει γίνει μια ψεύτικη θρησκεία γεμάτη αντιφάσεις. Το διαίρει και βασίλευε ήταν προφανώς η στρατηγική που χρησιμοποίησαν οι θεοί για να ελέγξουν τον πληθυσμό της Γης, οδηγώντας τους πάντες σε παράλογους πολέμους για το ποιος είναι ο καλύτερος υπηρέτης και ποιος μπορεί να παράγει τους καλύτερους σκλάβους. Οι ιεροί πόλεμοι ήταν μια προσπάθεια να αποδειχθεί ποιος ήταν πιο πρόθυμος να υποδουλωθεί στο όνομα ενός ιστορικού ψέματος για να επανέλθει η κοινωνία στην κατάσταση της απόλυτης δουλείας. Ο στόχος του Ισλάμ είναι ο ίδιος με αυτόν κάθε άλλης ομάδας: να κατακτήσει τα μυαλά εκείνων που δεν έχουν ακόμη κατακτηθεί και υποδουλωθεί από ψευδή ιδανικά. Αν μιλήσετε με μέλη οποιασδήποτε θρησκευτικής ομάδας, είναι προφανές ότι θεωρούν τη θρησκεία τους ως την πιο ικανοποιητική. Έτσι, η απόκλιση των πεποιθήσεων κάτω από την ίδια στρατηγική και τις ίδιες αξίες κρατάει τους πάντες ευτυχισμένους κάτω από την ίδια χειραγωγική μαγεία.

Η μόνη ελπίδα της ανθρωπότητας να βγει από αυτή την τρέλα είναι η μετενσάρκωση φωτισμένων όντων από άλλους πολιτισμούς, γνωστών και ως Αστροσπόρων, καθώς και η άμεση επαφή με εξωγήινα όντα μέσω εκείνων που είναι έτοιμοι για αυτή την αλληλεπίδραση, που ονομάζονται επαφείς. Η δυνατότητα ανάληψης προέρχεται από αυτές τις ψυχές που μιλούν για εξωγήινους πολιτισμούς και ανώτερες μορφές συνείδησης. Δεν αποτελεί έκπληξη το γεγονός ότι παρουσιάζονται ως τρελοί και γελοιοποιούνται από τις μάζες. Απορρίπτονται επίσης από τους οπαδούς των αβρααμικών θρησκειών, ακριβώς επειδή μπορούν να προσφέρουν τη γνώση που μπορεί να σπάσει τα μάγια που έχει υποστεί η ανθρωπότητα, κάνοντας τους ανθρώπους να θέλουν φυσικά να απομακρυνθούν από τα θρησκευτικά ψεύδη.

Από την άλλη πλευρά, δεν πρέπει να αγνοήσουμε εκείνους που χρησιμοποιούν το θέμα της εξωγήινης ζωής για να κάνουν ακριβώς το αντίθετο και, μέσω της εξαπάτησής τους, να κρατήσουν την ανθρωπότητα στην άγνοια. Η τάση ορισμένων αιρέσεων τα τελευταία χρόνια να παρουσιάζουν τον Ιησού ως έναν εξωγήινο κυβερνήτη ενός διαστημόπλοιου έχει σίγουρα εξυπηρετήσει εκείνους που δεν μπορούν να ξεφύγουν από τα ψέματα των ομάδων τους και παρόλα αυτά θέλουν κάτι πέρα από αυτά τα ψέματα. Καθώς τα ανθρώπινα όντα εξακολουθούν να είναι πολύ περιορισμένα στην ικανότητά τους να επεξεργάζονται πληροφορίες και να αναλύουν οτιδήποτε πέρα από τα γνωστά, υπάρχει μια έντονη ανάγκη υπεραπλούστευσης, η οποία εμποδίζει τους ανθρώπους να κατανοήσουν ανώτερες αλήθειες. Ο ανθρώπινος εγκέφαλος εξακολουθεί να είναι ανίκανος να κατανοήσει και να αφομοιώσει υψηλότερα επίπεδα πολυπλοκότητας, όπως αυτό που περιγράφεται εδώ, όταν οι λέξεις «Εωσφόρος», «Σατανάς» και «Διάβολος» χρησιμοποιούνται τόσο συχνά και λανθασμένα.

Οι περισσότεροι άνθρωποι δεν μπορούν να πάρουν την αλήθεια που θέλουν, ακόμη και όταν τη ζητούν, και παραπλανώνται εύκολα όταν αναζητούν αυτές τις απαντήσεις. Οι απαντήσεις που παίρνουν είναι προφανώς πιο κατάλληλες για το χαμηλό διανοητικό τους επίπεδο. Σε αυτή τη λογική, οι Χριστιανοί, οι Εβραίοι και οι Μουσουλμάνοι έχουν εξαπατηθεί και περιμένουν έναν ιερό πόλεμο στο μέλλον για να τους κρατήσει ενωμένους κάτω από μια υπόσχεση σωτηρίας που βασίζεται στην αρχαία ιδέα του «εμείς εναντίον τους». Αυτή η πρόθεση να στρέψουν διαφορετικές ομάδες η μία εναντίον της άλλης περιγράφεται καλά από τον μουσουλμάνο απολογητή Osamah Abdallah, ο οποίος λέει: «Οι χριστιανοί πιστεύουν ότι ο Ιησούς θα κατέβει στη γη και θα πολεμήσει για το κράτος του Ισραήλ..... Αυτό που μου φαίνεται αρκετά ειρωνικό είναι ότι οι Εβραίοι, για τους οποίους υποτίθεται ότι θα πολεμήσει ο Ιησούς, δεν πιστεύουν καν σε αυτόν ως Θεό ή ως έναν από τους αγγελιοφόρους του. Εμείς πιστεύουμε ότι ο Ιησούς θα κατέβει στη γη στο τέλος του κόσμου για να πολεμήσει εναντίον του στρατού του Σατανά, ο οποίος θα αποτελείται κυρίως από τους «κακούς Εβραίους» ή «Σιωνιστές Εβραίους», όπως τους αποκαλούμε σήμερα, και τους εξαπατημένους Χριστιανούς, Ινδουιστές, Βουδιστές κ.λπ. Κάποιοι θα είναι ανάμεσα στους 'καλούς και ευλογημένους' που θα πολεμήσουν στο πλευρό του Ιησού».

Καθώς αυτές οι θρησκείες βασίζονται στο ψέμα, ένας άλλος «Πόλεμος των Θεών» θα δείξει πιθανότατα τους λάτρεις των θεών της Εδέμ να αντιμετωπίζουν μια εξέγερση από τον ουρανό για να σταματήσουν αυτή την τελευταία απόπειρα υποδούλωσης της ανθρωπότητας. Παρόλο που οι μουσουλμάνοι περιμένουν ότι θα είναι ένας πόλεμος μεταξύ δύο Ιησών, είναι πιο πιθανό να είναι ένας πόλεμος μεταξύ δύο αντίπαλων διαπλανητικών δυνάμεων για την τύχη της ανθρωπότητας. Ωστόσο, αυτός ο πόλεμος δεν θα γίνει αν η ανθρωπότητα επιλέξει να υποδουλωθεί ξανά και αρνηθεί να ανέλθει σε ανώτερες καταστάσεις συνείδησης. Αυτός είναι ο λόγος για τον οποίο τόσες πολλές θρησκείες έχουν ξεπηδήσει τους τελευταίους αιώνες που κηρύττουν τις ίδιες ιδεολογίες. Η πρόθεση είναι να διασφαλιστεί ότι η πνευματικότητα συνδέεται με έναν μόνο Θεό και ότι αυτός ο Θεός, που προωθείται ως καλοπροαίρετος, σοφός και στοργικός, είναι ο ίδιος που υποδούλωσε την ανθρωπότητα και την κράτησε σε πόλεμο όλα αυτά τα χρόνια: ο ένας Θεός των θρησκευτικών βιβλίων.

Με αυτόν τον τρόπο, οι αφέντες που υποδούλωσαν την ανθρωπότητα είναι σε θέση να διατηρήσουν την εξουσία τους πάνω της, η οποία στη συνέχεια θα αρνηθεί να σωθεί από εκείνους που πραγματικά έχουν αυτόν τον σκοπό. Αυτό συμβαίνει ήδη, με πολλούς θρησκευτικούς μελετητές και ιερείς να ισχυρίζονται ότι οι εξωγήινοι είναι δαιμονικά πνεύματα, καθώς και με τις προσπάθειες συγχώνευσης ανθρώπου και μηχανής, δημιουργώντας έναν πολιτισμό από cyborgs μέσω της χρήσης της νανοτεχνολογίας, που ήδη υπάρχει σε πολλά εμβόλια.

Κεφάλαιο 19: Ο πολιτισμός με τα τσιπ

Η έλευση του μικροτσίπ και της νανοτεχνολογίας υπόσχεται να δημιουργήσει πιο πειθήνια υποκείμενα από εκείνα της αρχαιότητας, καθώς τα άτομα αυτά μπορούν εύκολα να παρακολουθούνται και να ελέγχονται. Το φαινόμενο αυτό δεν είναι καινούργιο- σε όλη την ιστορία, ψευδοπροφήτες πούλησαν τους ανθρώπους τους σε μονοθεϊστικές ιδεολογίες, ισχυριζόμενοι ότι θα βοηθήσουν την ανθρωπότητα, αλλά στην πραγματικότητα την υποδούλωσαν. Σήμερα, αυτοί οι ψευδοπροφήτες είναι επιστήμονες και ειδικοί σε θέματα υγείας, οι οποίοι, υπό το πρόσχημα της προόδου, οδηγούν την ανθρωπότητα σε βαθύτερα μάγια από τα οποία μπορεί να μην ανακάμψει ποτέ.

Ο Ιησούς προειδοποίησε γι' αυτόν τον αγώνα όταν είπε: «Στείλε το φως σου και την αλήθεια σου- ας με καθοδηγήσουν» (Ψαλμός 43:3). Δεν τοποθετούσε τον εαυτό του ως ηγέτη, αλλά τόνιζε ότι η αλήθεια και το φως θα καθοδηγούσαν εκείνους που αναζητούν μια ανώτερη αλήθεια. Προσέξτε ότι συνδυάζει το φως και την αλήθεια, τοποθετώντας τον εαυτό του μετά από αυτές τις αξίες, σε αντίθεση με τους θρησκευτικούς μελετητές, οι οποίοι τοποθετούν τον Ιησού στο κέντρο των δογμάτων τους. Σύμφωνα με τον Ιησού, «τα έθνη που θα σωθούν θα περπατήσουν στο φως του» (Αποκάλυψη 21:24), πράγμα που σημαίνει ότι τα έθνη αυτά θα επιλέξουν την αγάπη και την αλήθεια αντί για τα θρησκευτικά δόγματα. Ποια έθνη αγαπούν την αλήθεια και απορρίπτουν τα δόγματα; Μήπως αναφέρεται στα ξεχασμένα νησιά του Ειρηνικού Ωκεανού, τα οποία δεν ενδιέφεραν το Βατικανό και τα οποία αγνόησαν οι Βρετανοί και οι Γάλλοι, ή σε εκείνα όπου οι ιεροκήρυκες εξακολουθούν να υποδέχονται με βέλη;

Η ελπίδα της σωτηρίας έγκειται στη μετακίνηση σε μια γη χωρίς δόγματα και δεισιδαιμονίες, αλλά η εύρεση αυτού του τόπου είναι δύσκολη, αφού σχεδόν ολόκληρος ο πλανήτης έχει αποικιστεί με ψέματα και δεισιδαιμονίες. Σε αυτό το πλαίσιο, ο Εωσφορικισμός δεν είναι θρησκεία του κακού, αλλά του διαφωτισμού, διότι το πραγματικό κακό βρίσκεται στο θρησκευτικό δόγμα, ιδίως στον Χριστιανισμό και τις άλλες αβρααμικές θρησκείες. Ο χριστιανισμός ήταν ανέκαθεν τόσο διεφθαρμένος που ακόμη και οι πρώτοι επίσκοποι διαφωνούσαν μεταξύ τους. Ένας από τους λόγους ήταν η ταυτότητα και η γέννηση του Ιησού. Για παράδειγμα, ο Άρειος, ένας πρεσβύτερος και ιερέας από την Αλεξάνδρεια της Αιγύπτου, πρότεινε ότι ο Χριστός δεν ήταν θεϊκός, αλλά ένα κτιστό ον. Ο αρειανισμός υποστήριζε ότι ο Θεός ήταν ένα μοναδικό ον και ότι ο Ιησούς ήταν μόνο ένας άνθρωπος και όχι ο ενσαρκωμένος Θεός. Απέρριψαν το κυρίαρχο χριστιανικό δόγμα της Αγίας Τριάδας.

Οι αντίπαλοι του Αρείου, μεταξύ των οποίων και ο επίσκοπος Αθανάσιος, υποστήριξαν ότι η διδασκαλία του Αρείου υποβάθμισε τον Υιό σε ημίθεο και υπονόμευσε τη χριστιανική έννοια της σωτηρίας. Μεταξύ των αντιπάλων του αρειανισμού ήταν και ο επίσκοπος

Λούσιφερ Καλαριτάνος, ο οποίος ίδρυσε τους Λούσιφεριανούς, μια ορθόδοξη χριστιανική ομάδα που προσπαθούσε να διαιωνίσει τις αυστηρά ορθόδοξες απόψεις τους. Αυτοί οι Εωσφόροι και άλλοι Χριστιανοί της Νίκαιας κέρδισαν τη συζήτηση, οδηγώντας στην απόρριψη του αρειανισμού. Ο αυτοκράτορας Κωνσταντίνος διέταξε τη θανατική ποινή για όσους αρνούνταν να αποκηρύξουν τα αρειανά συγγράμματα, καταδικάζοντάς τους ως αιρετικούς. Αυτή η εωσφορική διδασκαλία, κυρίαρχη σε πολλές σύγχρονες χριστιανικές κοινότητες, μας λέει ότι ο Χριστός και ο Θεός είναι ταυτόχρονα ίσοι και διαφορετικοί, πράγμα που σημαίνει ότι όταν ο Χριστός προσευχόταν, ουσιαστικά μιλούσε στον εαυτό του, παρόλο που ήταν δύο διαφορετικές οντότητες. Αυτή η αντίληψη είναι ανησυχητική και εγείρει ερωτήματα σχετικά με τη συνοχή των χριστιανικών πεποιθήσεων.

Μπορούμε να υποθέσουμε ότι ο Εωσφόρος και ο Ιησούς είναι πατέρας και γιος, ή ότι ο Ιησούς θα ήταν κλώνος του Εωσφόρου, αλλά αυτό θα απαιτούσε την αναγνώριση της ύπαρξης του Εωσφόρου και μια διαδικασία κλωνοποίησης. Εν τω μεταξύ, αρκετές χριστιανικές αιρέσεις σοκάρονται όταν ακούνε ιερείς στο Βατικανό να τραγουδούν στα λατινικά: «Ω Εωσφόρε, που δεν θα νικηθείς ποτέ, ο Χριστός είναι ο γιος σου». Ωστόσο, η φράση αυτή συνάδει με τις χριστιανικές πεποιθήσεις, καθώς οι Εωσφοριστές κέρδισαν τη συζήτηση και δήλωσαν ότι ο Ιησούς είναι ο Υιός του Θεού και του Εωσφόρου. Όλα τα άλλα που βλέπουμε στις διάφορες χριστιανικές ομολογίες είναι απλώς διαφορετικά παρακλάδια του ίδιου βαθιά ριζωμένου παραλογισμού. Αυτός ο γενικευμένος παραλογισμός υποδηλώνει ότι αν πιστεύετε στον Ιησού ως Υιό του Θεού, πιστεύετε επίσης ότι τα θαύματα της Αγίας Εκκλησίας γίνονται στο όνομα του Εωσφόρου και ότι οι Εωσφοριστές αντιπροσωπεύουν τον πραγματικό κλάδο του Χριστιανισμού.

Δεν είναι ειρωνικό ότι η Ιερά Εξέταση βασάνισε και έκαψε χιλιάδες ανθρώπους βασιζόμενη στην ίδια παραδοχή; Φαίνεται ότι η Αγία Εκκλησία δεν διαφέρει πολύ από τους καιροσκόπους κοινωνιοπαθείς και ναρκισσιστές που προσπαθούν να κρύψουν το κακό τους κατηγορώντας ψευδώς, ταπεινώνοντας δημόσια και στη συνέχεια τιμωρώντας σαδιστικά. Γιατί, λοιπόν, οι Χριστιανοί δυσκολεύονται να δεχτούν ότι το Βατικανό εμπλέκεται σε κακοποίηση παιδιών και ίσως σε τελετουργικές θυσίες σε κρυφούς θαλάμους; Δεν συνάδουν αυτές οι πρακτικές με την πίστη; Ίσως είναι πιο συνεπείς από ό,τι παραδέχονται πολλοί χριστιανοί. Στην πραγματικότητα, πολλοί μελετητές πιστεύουν ότι ο βιβλικός Ιησούς δεν συνελήφθη εξαιτίας της πίστης του, αλλά επειδή ήταν παιδόφιλος και συμμετείχε σε τελετουργικές πρακτικές με παιδιά. Αυτό υποδηλώνεται στο Ευαγγέλιο του Μάρκου (14:51-52), όπου αναφέρεται ότι ο Ιησούς συνελήφθη στον Κήπο της Γεθσημανής αφού βρέθηκε μαζί με «έναν νεαρό άνδρα που φορούσε μόνο ένα λινό ένδυμα», ο οποίος «έφυγε γυμνός, αφήνοντας πίσω τα ρούχα του» μετά τη σύλληψη του Ιησού.

Η ελληνική λέξη που μεταφράζεται ως «νέος» είναι η λέξη νεανίσκος, η οποία σχετιζόταν με τους εφήβους. Αυτό καθιστά τον Ιησού παρόμοιο με τον προφήτη Μωάμεθ, ο οποίος παντρεύτηκε την Αΐσα, ένα εξάχρονο κορίτσι. Πόσο μακριά όμως έχουμε φτάσει από τότε; Στο Ιράν, η νόμιμη ηλικία γάμου για τα κορίτσια είναι τα 13 έτη, στο Πακιστάν και την Ινδονησία τα 16 έτη και στο Αφγανιστάν, πάνω από το 35% των κοριτσιών παντρεύονται πριν από την ηλικία των 18 ετών, συχνά σε ηλικία 9 ή 10 ετών. Αυτό γίνεται συνήθως με τη συγκατάθεση της οικογένειας, η οποία πουλάει τις κόρες της παρά τη θέλησή τους στον πλειοδότη. Με άλλα λόγια, η θρησκεία νομιμοποιεί και νομιμοποιεί την παιδεραστία και τον βιασμό.

Όσον αφορά τα εγκλήματα του χριστιανισμού, σύμφωνα με έκθεση του 2004 από το John Jay College of Criminal Justice, η οποία ανατέθηκε από τη Διάσκεψη των Καθολικών Επισκόπων των ΗΠΑ, περίπου 4.392 ιερείς κατηγορήθηκαν για σεξουαλική κακοποίηση μεταξύ 1950 και 2002, αλλά μόνο το 10% διώχθηκε ποινικά και καταδικάστηκε σε φυλάκιση. Στην Αυστραλία, σύμφωνα με τη Βασιλική Επιτροπή για τις θεσμικές απαντήσεις στη σεξουαλική κακοποίηση παιδιών, 1.880 ιερείς που εργάστηκαν μεταξύ 1950 και 2010 κατηγορήθηκαν για σεξουαλική κακοποίηση παιδιών, αλλά λιγότερο από το 10 τοις εκατό διώχθηκαν και καταδικάστηκαν σε φυλάκιση.

Κεφάλαιο 20: Αποκαλυπτόμενα μυστικά

Το Διεθνές Δικαστήριο για τα Εγκλήματα της Εκκλησίας και του Κράτους ιδρύθηκε το 2010 από τον αιδεσιμότατο Κέβιν Άνετ -υποψήφιο για βραβείο Νόμπελ- και έχει ως στόχο να ενώσει επιζώντες γενοκτονιών και βασανιστηρίων παιδιών από όλο τον κόσμο και να δημιουργήσει ένα ευρύ πολιτικό, πνευματικό και νομικό κίνημα για την εξάρθρωση του Βατικανού και άλλων εκκλησιών και κυβερνήσεων που ευθύνονται για ιστορικά και συνεχιζόμενα εγκλήματα κατά των παιδιών και της ανθρωπότητας. Το δικαστήριο διαπίστωσε ότι τα στοιχεία που παρουσιάστηκαν στο Δικαστήριο του Κοινού Δικαίου των Βρυξελλών δείχνουν ότι περισσότερα από 50.000 αγνοούμενα παιδιά είναι φερόμενα ως θύματα μιας διεθνούς λατρείας θυσίας παιδιών, γνωστής ως «Ενάτος Κύκλος». Ένα έγγραφο από το Καθολικό Τάγμα των Ιησουιτών με τίτλο «Magisterial Privilege» (με ημερομηνία Δεκέμβριος 1967) παρουσιάστηκε στο δικαστήριο από τον κύριο εισαγγελέα, το οποίο έδειχνε ότι κάθε νέος Πάπας ήταν υποχρεωμένος να συμμετέχει στις σατανικές τελετουργικές θυσίες του Ενάτου Κύκλου, συμπεριλαμβανομένης της κατανάλωσης του αίματος νεογέννητων παιδιών.

«Έγγραφα από τα μυστικά αρχεία του Βατικανού που παρουσιάστηκαν στο δικαστήριο δείχνουν επίσης ξεκάθαρα ότι, επί αιώνες, οι Ιησουίτες σχεδίαζαν εκ προμελέτης να δολοφονούν τα απαχθέντα νεογέννητα μωρά και να καταναλώνουν το αίμα τους σε τελετές», δήλωσε ο επικεφαλής εισαγγελέας στους πέντε διεθνείς δικαστές και τους 27 ενόρκους. Το σχέδιο γεννήθηκε από μια διεστραμμένη αντίληψη για την απόκτηση πνευματικής δύναμης από το αίμα των αθώων, εξασφαλίζοντας έτσι την πολιτική σταθερότητα του παπισμού στη Ρώμη. Οι πράξεις αυτές δεν είναι μόνο γενοκτονικές, αλλά και συστημικές και θεσμοθετημένες. «Από το 1773 τουλάχιστον, φαίνεται ότι πραγματοποιούνται από τη Ρωμαιοκαθολική Εκκλησία, τους Ιησουίτες και όλους τους πάπες» (Christianobserver.net). Ωστόσο, όλα αυτά συνάδουν με το σύστημα πεποιθήσεών τους, διότι αν ο Χριστός είναι γιος του Εωσφόρου, τότε ο Χριστός είναι ο Μολέχ, ο Βάαλ και ο Μπελ-Μαρντούκ, η θεότητα στην οποία οι Βαβυλώνιοι πρόσφεραν παιδικές θυσίες.

Η θρησκευτική μίτρα που φορούν ο Πάπας και οι επίσκοποί του αναπαριστά το κεφάλι ενός ψαριού προς τιμήν του Ένκι, του σουμεριακού θεού του νερού, της δημιουργίας και της γνώσης, γνωστού επίσης ως Εωσφόρος στη σύγχρονη ερμηνεία αυτής της ιστορίας. Η κατάχρηση των λέξεων είναι άφθονη και φυσικά προκαλεί σύγχυση, όπως όταν χρησιμοποιούμε τη λέξη «Θεός» για να αντιπροσωπεύσουμε το αντίθετο του «σκύλου», που υπονοεί το αντίθετο ενός αγαπημένου, πιστού και συμπονετικού πλάσματος, για να χαρακτηρίσουμε έναν βάναυσο και τυραννικό ηγεμόνα. Αυτό δεν είναι τυχαίο, αν σκεφτεί κανείς ότι στη λατρεία Bohemian Grove, πολιτικοί και άλλες διάσημες προσωπικότητες λαμβάνουν μέρος σε τελετές αποτέφρωσης μπροστά σε μια γιγαντιαία κουκουβάγια 12 μέτρων, η οποία αντιπροσωπεύει τον Μολέχ.

Μεταξύ των αξιοσημείωτων προσωπικοτήτων που έχουν λάβει μέρος σε αυτή τη λατρεία όλα αυτά τα χρόνια, κατά την οποία τα μέλη της γυμνάζονται, φορούν μόνο ασπρόμαυρα ρούχα, λατρεύουν μια κουκουβάγια και περνούν λίγες μέρες περιτριγυρισμένα από πόρνες, είναι (με αλφαβητική σειρά) οι: Ambrose Bierce, Art Linkletter, Bret Harte, Calvin Coolidge, Charlie Chaplin, Charles Schwab, Clint Eastwood, Colin Powell, Douglas Fairbanks, Dwight Eisenhower, Frank Borman, George Bush Sr, Gerald Ford, Henry Kissinger, Herbert Hoover, Jack London, Mark Twain, Pete Wilson, Richard Nixon, Ronald Reagan, Wally Schirra, Walter Cronkite, Will R ogers και William Howard Taft. Η βασίλισσα Ελισάβετ Β΄ της Μεγάλης Βρετανίας ήταν επίσης εκεί το 1983. «Η Μεγαλειότητά της τιμήθηκε με μια εκστατική τελετή παγανιστικού χορού, με ακριβά και περίτεχνα σκηνικά σκηνικά, όπως αιγυπτιακές πυραμίδες και ζιγκουράτ της Βαβυλώνας» (στο Money for Power, του John P. Hunter III).

Ο σκοπός της λατρείας αυτής της κουκουβάγιας, σε μια τελετουργία κατά την οποία κάποιος εγκαταλείπει τα αισθήματα συμπόνιας, ενσυναίσθησης και αγάπης για την ανθρώπινη ζωή, δεν είναι ο μόνος που συμβαίνει. Υπάρχουν αναφορές για άγρια ομοφυλοφιλικά όργια με πόρνες που εμπλέκονται σε ακραία σεξουαλικά παιχνίδια, για μικρά παιδιά που εκμεταλλεύονται με απερίγραπτους τρόπους, συμπεριλαμβανομένης της τελετουργικής εν ψυχρώ δολοφονίας. Υπάρχουν αναφορές για πραγματικές ανθρωποθυσίες στο «βωμό» του αγάλματος του Θεού Κουκουβάγιας (στο Secret Societies, του Nick Redfern).

Είναι κατανοητό ότι όλα αυτά είναι δύσκολο να τα πιστέψει κανείς, μέχρι που ο δημοσιογράφος Alex Jones κατάφερε να διεισδύσει στην περιοχή και να καταγράψει το πραγματικό γεγονός που λάμβανε χώρα. Στην ουσία, ηγέτες από όλο τον κόσμο και σε διάφορες θέσεις εξουσίας δείχνουν την αφοσίωσή τους στους θεούς, ασκώντας τελετουργίες που καταδεικνύουν την εγκατάλειψη της ενσυναίσθησης, επειδή μόνο μια ψυχοπαθητική επιθυμία για εξουσία και ενάντια στην ανθρωπότητα μπορεί να δικαιολογήσει τη διατήρηση τέτοιων μορφών σε θέσεις επιρροής. Έτσι, μπορούμε να πούμε ότι δεν υπάρχει καμία διαφορά μεταξύ των υποθέσεων που γίνονται για τον Μολέχ, τον θεό του καθαρού κακού. Ενώ μπορούμε να συζητήσουμε αν ο Ιησούς αντιπροσωπεύει το καλό ή το κακό, δεν υπάρχει καμία αμφιβολία ότι πολλά ψέματα και καταχρήσεις διαπράττονται στο όνομά του, κρατώντας τις μάζες πειθήνιες και υπάκουες σε εκείνους που λατρεύουν γιγάντιες κουκουβάγιες και επιδίδονται σε μαζικά σεξουαλικά πάρτι.

Κεφάλαιο 21:
Εξουσία και πίστη

Έχουν εξαπατηθεί οι Χριστιανοί και λατρεύουν τον Μολώχ, ο οποίος μεταμφιέστηκε σε μια μυθολογική φιγούρα που ονομάζεται Ιησούς και δεν υπήρξε ποτέ; Υπάρχει σύγκρουση πίστης όταν διάσημα δημόσια πρόσωπα ισχυρίζονται ότι είναι Χριστιανοί, αλλά στη συνέχεια κατηγορούνται ότι θυσιάζουν παιδιά και ασκούν μαγεία;

Στην αρχαία Βαβυλώνα, οι άνθρωποι λάτρευαν τον Μολέχ, θυσιάζοντας του παιδιά, όπως ακριβώς φέρεται να έκανε η πρώην υπουργός Εξωτερικών των ΗΠΑ Χίλαρι Κλίντον, όπως αποκαλύφθηκε από τα Wikileaks από τα μηνύματα ηλεκτρονικού ταχυδρομείου του 2009 προς τον πρώην σύμβουλο του προέδρου Μπαράκ Ομπάμα, Τζον Ποντέστα. Το σκάνδαλο ηλεκτρονικού ταχυδρομείου Κλίντον-Ποντέστα είναι γεμάτο από αναφορές στην παιδοφιλία και τον σατανισμό, όπως «μαγείρεμα πνευμάτων» και «θυσία κοτόπουλου», που πολλοί ισχυρίζονται ότι είναι κωδικός για τα παιδιά. Ο Ψαλμός 106:34-43 λέει το εξής για τους Βαβυλώνιους: «Θυσίαζαν τους γιους και τις κόρες τους στους δαίμονες, χύνοντας αθώο αίμα, το αίμα των δικών τους γιων και θυγατέρων, τους οποίους θυσίαζαν στα είδωλα της Χαναάν, μολύνοντας τη γη με αιματοχυσία».

Ο Ted Gunderson, πρώην διευθυντής του FBI, παρουσίασε επίσης στοιχεία που αποδεικνύουν ότι οι ελίτ του κόσμου εμπλέκονται σε παιδοθυσίες. Είπε ότι υπάρχει ένα διεθνές δίκτυο εμπορίας παιδιών και παιδεραστίας που συνδέεται με διάφορες τελετουργίες. Αυτές οι τελετουργίες περιλαμβάνουν την πώληση παιδιών ως σκλάβων και την πτήση τους στην Ουάσιγκτον για να χρησιμοποιηθούν σε σεξουαλικά όργια από πολιτικούς. Με περισσότερα από 100.000 παιδιά να εξαφανίζονται κάθε χρόνο στις ΗΠΑ, ο Gunderson δήλωσε ότι το FBI είναι συνένοχο στη συγκάλυψη. Δεν αποτελεί έκπληξη το γεγονός ότι η υπόθεση της Χίλαρι Κλίντον έχει ξεχαστεί. Σύμφωνα με τον James Kallstrom, πρώην υποδιευθυντή του FBI, ο Μπιλ και η Χίλαρι Κλίντον είναι μέλη μιας «οικογένειας του εγκλήματος» που έχει στήσει ένα καρτέλ για να δωροδοκεί και να εκφοβίζει τις υψηλόβαθμες αρχές κάθε φορά που ερευνάται κάποιο από τα εγκλήματά τους. Είπε επίσης ότι η Χίλαρι Κλίντον είναι μια «παθολογική ψεύτρα» και αρπακτικός σεξουαλικός εγκληματίας και ότι ο Μπιλ Κλίντον είναι ένας κατά συρροή βιαστής του οποίου τα εγκλήματα έχουν καλυφθεί από διαδοχικές γενιές διεφθαρμένων αξιωματούχων στη μισθοδοσία των Κλίντον.

Οι εικόνες που βρέθηκαν στον φορητό υπολογιστή του Anthony Weiner (σύζυγος της Huma Abedin, ο οποίος συνελήφθη το 2017 για σεξ με ανήλικο κορίτσι) λέγεται ότι έκαναν μερικούς από τους πιο σκληρούς αστυνομικούς του NYPD να κλάψουν, να κάνουν εμετό και να ζητήσουν ψυχολογική βοήθεια. Πηγές υποστηρίζουν ότι το βίντεο δείχνει τη Χίλαρι Κλίντον και τη Χούμα Αμπεντίν να βιάζουν, να ακρωτηριάζουν και να τρομοκρατούν ένα κορίτσι προεφηβικής ηλικίας, προκαλώντας το σώμα του παιδιού να απελευθερώσει αδρενοχρώμιο στην κυκλοφορία του αίματός του, προτού το ματώσουν και πιουν το αίμα του σε μια σατανιστική τελετή θυσίας. Σύμφωνα με ανθρώπους που γνωρίζουν το αγαπημένο ναρκωτικό της ελίτ, η κατανάλωση αυτού του αίματος παράγει μια «έντονη» και «εξωτική» επίδραση.

Είτε αποτελεί μέρος μιας αιματηρής θυσίας είτε όχι, η τάση της κατανάλωσης αίματος αυξάνεται σε όλο τον κόσμο και γίνεται μεγάλη επιχείρηση. «Κοινότητες απλών ανθρώπων - νοσοκόμες, προσωπικό μπαρ, γραμματείς - πίνουν τακτικά ανθρώπινο αίμα» (BBC.com). Σύμφωνα με την Dame Linda Partridge, γενετίστρια στο University College του Λονδίνου, «η έρευνα δείχνει ότι το νεανικό αίμα θα μπορούσε να επιτρέψει στους ανθρώπους να ζουν χωρίς ασθένειες όπως ο καρκίνος και οι καρδιακές παθήσεις μέχρι το θάνατο» (The Times). Οι ερευνητές της νεοσύστατης εταιρείας Ambrosia παρατήρησαν βελτιώσεις σε βιοδείκτες για διάφορες ασθένειες αφού σε 70 συμμετέχοντες σε μια μελέτη δόθηκε πλάσμα - το κύριο συστατικό του αίματος - από εθελοντές ηλικίας 16 έως 25 ετών. Μια άλλη νεοφυής επιχείρηση, με την ονομασία Elevian, ανακοίνωσε ότι έλαβε επένδυση ύψους 5,5 εκατομμυρίων δολαρίων για την υποστήριξη της προσέγγισής της. Η Ambrosia προσφέρει επί του παρόντος πλάσμα αίματος από εφήβους σε πελάτες μεγαλύτερης ηλικίας με κόστος 8.000 δολάρια για δυόμισι λίτρα. Οι θρησκείες δεν είναι τίποτα περισσότερο από οργανώσεις που επινοήθηκαν για να κρύψουν τις διαστροφές του κόσμου που δεν έπαψαν ποτέ να υπάρχουν;

Επιπλέον, γιατί τόσες πολλές θρησκείες εξακολουθούν να χρησιμοποιούν το όνομα Ιησούς όταν δεν υπάρχουν κοσμικά στοιχεία από τον πρώτο αιώνα που να υποστηρίζουν την ύπαρξη κάποιου που ονομάζεται Yeshua Ben Yosef; Αν και η περίοδος κατά την οποία λέγεται ότι υπήρξε ο Ιησούς Χριστός είναι μία από τις πιο τεκμηριωμένες στην αρχαία ιστορία, δεν υπάρχει σχεδόν καμία ιστορική απόδειξη της υποτιθέμενης ύπαρξής του σε κανένα σύγχρονο ιστορικό αρχείο, κάτι που σίγουρα δεν θα περνούσε απαρατήρητο αν έκανε τόσα πολλά θαύματα.

Ο Μπαρτ Έρμαν, καθηγητής θρησκευτικών σπουδών στο Πανεπιστήμιο της Βόρειας Καρολίνας στο Τσάπελ Χιλ και στο Πανεπιστήμιο Ράτγκερς, δήλωσε: «Όσο παράξενο κι αν φαίνεται, δεν υπάρχει καμία αναφορά στον Ιησού από κανέναν από τους παγανιστές συγχρόνους του. Δεν υπάρχουν αρχεία γέννησης, ούτε πρακτικά δίκης, ούτε πιστοποιητικά θανάτου- ούτε εκδηλώσεις ενδιαφέροντος, ούτε έντονες συκοφαντίες, ούτε περαστικές αναφορές - τίποτα. Στην πραγματικότητα, αν επεκτείνουμε το πεδίο του ενδιαφέροντός μας στα χρόνια μετά το θάνατό του - ακόμη και αν συμπεριλάβουμε ολόκληρο τον πρώτο αιώνα της κοινής εποχής - δεν υπάρχει ούτε μία αναφορά στον Ιησού σε καμία μη χριστιανική ή εβραϊκή πηγή οποιουδήποτε είδους». Ο Ehrman προσθέτει: «Διαθέτουμε έναν μεγάλο αριθμό εγγράφων από την περίοδο αυτή, όπως για παράδειγμα τα γραπτά ποιητών, φιλοσόφων, ιστορικών, επιστημόνων και κυβερνητικών αξιωματούχων, για να μην αναφέρουμε τη μεγάλη συλλογή σωζόμενων λίθινων επιγραφών, ιδιωτικών επιστολών και νομικών εγγράφων σε πάπυρο. Σε κανένα από αυτά τα γραπτά δεν αναφέρεται καν το όνομα του Ιησού».

Ο Alex Collier εξήγησε: «Ο Κωνσταντίνος ήταν τόσο απασχολημένος με το να καίει τους πόρους της Ρωμαϊκής Αυτοκρατορίας και να βάζει τέλος στους θρησκευτικούς πολέμους που αποφάσισε να δημιουργήσει μια κρατική θρησκεία. Πήρε τότε τις θρησκείες της Δύσης, που λάτρευαν την Ίσιδα, και τις θρησκείες της Ανατολής, που λάτρευαν τον Κρίσνα, και τις έβαλε μαζί, δημιουργώντας τον «Ίσο-Κρίστο» που γνωρίζουμε σήμερα ως Ιησού Χριστό» (In Defence of Sacred Ground).

Κεφάλαιο 22: Η Τριάδα αποκαλύπτεται

Το θεμελιώδες πρόβλημα που αντιμετώπισε η Σύνοδος της Νίκαιας είναι ότι διαχωρίζοντας τον Χριστό από τον Θεό, τον χαρακτηρίζεις ως έναν ακόμη προφήτη, όπως ισχυρίζεται η ισλαμική πίστη, και κινδυνεύεις να προκαλέσεις την εξαφάνιση της χριστιανικής Εκκλησίας. Αυτός ο διαχωρισμός απομακρύνει επίσης τον Χριστιανισμό από τις σουμεριακές και βαβυλωνιακές ρίζες του, δίνοντας μεγαλύτερη σημασία στις διδασκαλίες των πρώτων Γνωστικών και επιτρέποντας να προκύψουν περισσότερες διαμάχες μεταξύ των θρησκευτικών ομάδων που προσπάθησαν να καταστείλουν. Επιπλέον, επιβεβαιώνοντας ότι ο Θεός είναι ένας, αλλά όχι ο ίδιος με τον Ιησού, οι αξίες των χριστιανικών διδασκαλιών γίνονται σχετικές με τις ερμηνείες κάθε αντίπαλης ομάδας.

Σύμφωνα με τον Έβερετ Φέργκιουσον, «η συντριπτική πλειονότητα των χριστιανών δεν είχε ξεκάθαρη άποψη για τη φύση της Τριάδας και δεν κατανοούσε τι διακυβεύονταν στα ζητήματα που την περιέβαλλαν» (στο βιβλίο Ιστορία της Εκκλησίας, τόμος 1). Μολονότι οι πρωτο-ορθόδοξοι κέρδισαν τις προηγούμενες διαμάχες, ανακηρύχθηκαν αιρετικοί όχι επειδή αγωνίστηκαν εναντίον ιδεών που θεωρούνταν θεολογικά ορθές, αλλά επειδή οι θέσεις τους δεν πληρούσαν την ακρίβεια και την εκλέπτυνση που απαιτούσε η συγχώνευση πολλών αντιφατικών προτάσεων που έγιναν ταυτόχρονα αποδεκτές από τους μεταγενέστερους ορθόδοξους θεολόγους. Ο Bart Ehrman υποστηρίζει ότι αυτός είναι ο λόγος για τον οποίο η Τριάδα είναι μια τόσο παράλογη, παράλογη και συνάμα αναγκαία έννοια. Αν αυτό έχει νόημα, η ιδέα της Τριάδας έπρεπε να γίνει αποδεκτή προκειμένου να υπάρξει συμφωνία μεταξύ των διαφωνιών.

Η τελική απόφαση είχε περισσότερο να κάνει με την επιβίωση της χριστιανικής εκκλησίας παρά με τη λογική, και οι Εωσφοριστές κατέληξαν να δικαιολογούν το όνομά τους με την πεποίθηση ότι ο Χριστός ήταν η αντιπροσώπευση του Μολέχ στη Γη και ότι η ανάληψη του Εωσφόρου μπορούσε να γίνει μόνο μέσω του Χριστού. Και ενώ αυτό δεν σημαίνει ότι οι Χριστιανοί είναι κακοί επειδή λατρεύουν τον Μολώχ μέσω της μορφής του Ιησού και τα σύμβολα του σεξ μέσω της χρήσης του σταυρού, πολλοί από αυτούς, και σχεδόν όλοι όσους έχω γνωρίσει, είναι πράγματι πολύ κακοί. Είναι δύσκολο να μην επηρεαστείς από μια σατανική απάτη όταν συμμετέχεις σε αυτήν οικειοθελώς. Θα ήταν σαν να λέγαμε ότι υπάρχουν συμπονετικοί άνθρωποι στο στρατό που δεν θέλουν να σκοτώσουν κανέναν.

Ο λόγος για τον οποίο ο χριστιανισμός αποδέχεται τις κακές προδιαθέσεις των μελών του εξηγείται από τα δόγματα του συστήματος πεποιθήσεών του και τον τρόπο με τον οποίο είναι κατασκευασμένο, διότι μόνο όσοι δεν τολμούν να αμφισβητήσουν και συμμετέχουν εθελοντικά σε μια λατρεία υπακοής και παιδαριωδών φιγούρων θα προσελκύονταν από μια ιδεολογία που διαιωνίζει τέτοιες συμπεριφορές χαμηλής δόνησης. Αυτά τα άτομα χαμηλής δόνησης χειραγωγούνται εξίσου και εύκολα μέσω της προδιάθεσής τους που βασίζεται στον φόβο, χωρίς να τους παρουσιάζονται οι απαιτήσεις. Πρόκειται για μια παιδαριώδη νοοτροπία στην οποία οι ιδέες ενός Θεού που παρουσιάζεται ως πατρική φιγούρα ταιριάζουν καλά με τη γνωστική ανεπάρκεια των οπαδών της.

Κάθε φορά που κάποιος κατεβαίνει στη δόνηση του φόβου - φόβος μήπως δεν γίνει αποδεκτός από μια χριστιανική κοινότητα, φόβος για το τι σκέφτονται οι άλλοι, φόβος μήπως δεν πάει στον παράδεισο, φόβος μήπως δεν επιλεγεί σε μια υποτιθέμενη αρπαγή στον ουρανό, μεταξύ άλλων - παύει να είναι συνδημιουργός, ένα λαμπρό φως της δημιουργίας και γίνεται πλάσμα του σκότους, υποκείμενο στην απάθεια και σε παθητικό ρόλο στα γεγονότα που εκτυλίσσονται μπροστά του. Γίνεται εθελοντής της δουλείας και της πνευματικής του παρακμής. Όταν κάποιος περιμένει να σωθεί από κάποια μυστηριώδη εξωτερική δύναμη που χειραγωγεί και μειώνει το γνωστικό του δυναμικό, εγκαταλείπει τη συνείδηση, την ευθύνη και την πνευματική δημιουργικότητα, που είναι ακριβώς οι αντίθετες δονήσεις που εκδηλώνονται σε ένα ανθρώπινο ον.

Το άτομο αυτό κατεβαίνει στη χαμηλότερη δόνηση, που είναι η απάθεια, η νοητική κατάσταση που βρίσκεται πιο κοντά στο θάνατο, γι' αυτό και τόσοι πολλοί χριστιανοί φαίνεται να την επιθυμούν, συχνά πάνω από την επιθυμία να κάνουν καλό στους άλλους. Όσοι ζουν μέσα στο φόβο και τον τρόμο χειραγωγούνται εύκολα, επειδή οι σκέψεις τους βασίζονται στην επιβίωση και το ένστικτο. Είναι επικεντρωμένοι στις δικές τους ανάγκες. Ο ερπετοειδής εγκέφαλός τους διεγείρεται συνεχώς, γεγονός που εξηγεί γιατί πολλοί θρησκευόμενοι άνθρωποι εμφανίζονται ρατσιστές και εχθρικοί προς τις άλλες θρησκείες. Οδηγούνται από το τμήμα του εγκεφάλου που τους λέει ότι η ζωή τους βρίσκεται σε κίνδυνο, ότι υπάρχουν αντίπαλες δυνάμεις εναντίον τους και ότι η ύπαρξή τους είναι πιο σημαντική από εκείνη των άλλων.

Αυτή η νοοτροπία είναι που οδήγησε τους Ευρωπαίους να πολεμήσουν τους μουσουλμάνους κατά τον Μεσαίωνα και στη συνέχεια τους οδήγησε να πιστέψουν ότι όποιος δεν ήταν χριστιανός αποτελούσε απειλή, δικαιολογώντας έτσι τη μαζική γενοκτονία πολλών φυλών στη Βόρεια και τη Νότια Αμερική. Οδήγησε επίσης σε πολλές παραποιήσεις των Βουδιστών και των Ινδουιστών ως λάτρεις του διαβόλου και στην έλλειψη ενσυναίσθησης με τα μέλη αυτών των θρησκευτικών ομάδων. Οι περισσότεροι χριστιανοί είναι τόσο παγιδευμένοι στο κλίμα του φόβου που βλέπουν τους εξωγήινους ως δαιμονικά πνεύματα που κατεβαίνουν από τον ουρανό και την τεχνολογία αλλαγής μορφής τους ως απόδειξη αυτού, γεγονός που τους κάνει να μην μοιάζουν με τους κυνηγούς μαγισσών των περασμένων αιώνων, οι οποίοι θεωρούσαν την ανάγνωση οποιουδήποτε άλλου βιβλίου εκτός από τη Βίβλο ως πρακτική λατρείας του διαβόλου.

Αυτό που προσπαθώ να πω εδώ είναι ότι η θρησκεία τους δεν είναι αυτό που νομίζουν, ισχυρίζονται ή έχουν διδαχθεί ότι είναι, ούτε ήταν ποτέ. Οι πιο μοχθηροί, ψεύτες, συκοφάντες, ψυχολογικά προσβλητικοί, απολίτιστοι και προσβλητικοί άνθρωποι που έχω συναντήσει ποτέ στη ζωή μου ήταν όλοι Χριστιανοί διαφόρων δογμάτων και θρησκειών. Το επίπεδο της μνησικακίας και του μίσους τους, κρυμμένο πίσω από ένα προσωπείο ψεύτικης φιλίας, είναι πέρα από την ανθρώπινη κατανόηση. Ωστόσο, φαίνονται τόσο μπερδεμένοι όσο και ότι χρειάζονται ψυχοθεραπεία, επειδή δεν δείχνουν καμία συμπόνια για τους άλλους. Πιστεύουν ότι η συμπόνια εξαρτάται από το δόγμα που υποστηρίζουν και ότι την αξίζουν μόνο όσοι ανήκουν στην ίδια κοινότητα.

Τα δόγματα που ακολουθούν οι Χριστιανοί δεν τους κάνουν καλύτερους, τους κάνουν πιο αλαζόνες, ναρκισσιστές και εγωιστές. Και δεν υπάρχει μεγαλύτερη απόδειξη γι' αυτό από το να ακούς ανθρώπους σε διαδηλώσεις στην Πολωνία να ισχυρίζονται ότι δεν θέλουν Άραβες στη χώρα τους επειδή η Πολωνία είναι χριστιανικό έθνος. Αυτοί οι Πολωνοί χριστιανοί φαίνεται να είναι πολύ ηλίθιοι για να συνειδητοποιήσουν ότι ο Ιησούς ήταν επίσης Άραβας. Δεν θα ήταν ευπρόσδεκτος σε αυτή τη χώρα, η οποία τον παρουσιάζει ως λευκό άνδρα με ξανθά μαλλιά και όπου οι ντόπιοι περιφρονούν οποιονδήποτε δεν έχει λευκό δέρμα.

Η Πολωνία είναι ένα από τα πολλά παραδείγματα του τι μπορεί να κάνει η θρησκευτική παρερμηνεία και η βλακεία σε ένα ολόκληρο έθνος, το οποίο θα πρέπει να εξαφανιστεί, ώστε να είναι δυνατό ένα καλύτερο μέλλον για τους λαούς του κόσμου. Επιπλέον, δεν θα πρέπει να τους επιτραπεί να συνεχίσουν να προωθούν διαιρέσεις που βασίζονται σε μια απατηλή ιδέα φυλετικής υπεροχής, όπως έκαναν κατά τη διάρκεια της ναζιστικής κατοχής. Ωστόσο, ο μέσος Ευρωπαίος και Αμερικανός χριστιανός σήμερα δεν θα ήταν πρόθυμος να καθίσει δίπλα σε κάποιον με παλαιστινιακή εμφάνιση, κάποιον που πιθανώς μοιάζει με τον Ιησού που ισχυρίζονται ότι ακολουθούν.

Ο σύγχρονος χριστιανισμός είναι γεμάτος ρατσιστές και απόλυτη ηλιθιότητα. Πολλοί θρησκευόμενοι άνθρωποι που έχω συναντήσει στις ΗΠΑ και σε ευρωπαϊκές χώρες ισχυρίζονται ότι είναι χριστιανοί, αλλά είναι εξαιρετικά ρατσιστές. Αυτό δεν βγάζει κανένα νόημα. Ωστόσο, ο ρατσισμός μπορεί να είναι τόσο προφανής που οι χριστιανοί δεν προσπαθούν καν να τον κρύψουν, όπως όταν μπήκα σε έναν καθεδρικό ναό στο Λονδίνο με μια λευκή, ξανθιά κοπέλα δίπλα μου. Αμέσως προσπάθησαν να της μιλήσουν και να την προσλάβουν, αγνοώντας με εντελώς. Έχω γίνει μάρτυρας αυτού του είδους της συμπεριφοράς πολλές φορές. Δεν μπορείς να είσαι χριστιανός και ρατσιστής, εκτός αν είσαι ψυχοπαθής, υποκριτής και εξαιρετικά ηλίθιος. Αυτές οι τρεις λέξεις περιγράφουν με ακρίβεια τους σύγχρονους χριστιανούς.

Κεφάλαιο 23:
Ο Χριστιανισμός ξεσκεπάζεται

Οι πιο ευσεβείς χριστιανοί τείνουν να είναι πολύ κακά άτομα, επειδή ο χριστιανισμός, όπως ασκείται, προωθεί τη διαίρεση και τη δυσπιστία μεταξύ των χριστιανών και των άλλων μελών της κοινωνίας. Χτίζει αιρέσεις και κλειστές κοινότητες γύρω από την ιδέα της ηθικής ανωτερότητας και υποκινεί υποσυνείδητα μηνύματα μίσους κατά των μη χριστιανών και των μη λευκών, ιδίως σε κοινότητες όπου ο Χριστός παρουσιάζεται ως σύμβολο της ανωτερότητας των λευκών, ενώ στην πραγματικότητα είναι Παλαιστίνιος.

Έχω συμμετάσχει σε δεκάδες διαφορετικές χριστιανικές ομάδες για αρκετές δεκαετίες και μπορώ να πω χωρίς την παραμικρή αμφιβολία ότι οι χριστιανοί είναι από τους πιο κακούς ανθρώπους που έχω συναντήσει ποτέ. Το κακό τους δεν είναι πάντα ορατό στους άλλους· προέρχεται από την περιφρόνησή τους για τις διαφορετικές απόψεις, την αγανάκτησή τους για όσους τους κάνουν ερωτήσεις στις οποίες δεν μπορούν να απαντήσουν, τις ρατσιστικές τους απόψεις και την τοξική συμπεριφορά που συνδέεται με τα δόγματα και τις ερμηνείες της Βίβλου τους. Ειδικότερα, οι απόψεις τους για τους έσχατους καιρούς και η χαρά που νιώθουν όταν περιγράφουν τον θάνατο άλλων ανθρώπων για τη δική τους ανάληψη είναι ενοχλητικές και τους δίνουν μια αίσθηση ψευδαισθητικής ανωτερότητας, παρόμοια με αυτή που παρατηρείται σε άτομα με ναρκισσιστική διαταραχή προσωπικότητας.

Όσον αφορά την επιστροφή του Εωσφόρου-Θεού των ιουδαιοχριστιανικών θρησκειών, την οποία πολλοί περιμένουν, έχω άσχημα νέα: Ο Θεός είναι νεκρός. Σύμφωνα με τις ιστορίες των Σουμερίων, ο Ένκι ή Εωσφόρος δολοφονήθηκε από τον αδελφό του, τον Ενλίλ. Ο τάφος του βρίσκεται στον Άρη. Ο Ένκι δεν θα επιστρέψει για να σώσει την ανθρωπότητα. Αν το κάνει, θα είναι ένα σκηνοθετημένο γεγονός με στόχο να εξαπατήσει την ανθρωπότητα σε πλήρη υποτέλεια. Εκτός, βέβαια, αν έχουμε να κάνουμε με την επιστροφή της μετενσάρκωσής του, η οποία είναι πιο κοντά στις σύγχρονες και αρχαίες πεποιθήσεις. Αυτό θα ήταν πράγματι λογικό, αλλά το πρόβλημα είναι ότι οι Χριστιανοί δεν πιστεύουν στη μετενσάρκωση. Έχουν κατασκευάσει μια πολύ πιο παράλογη ιστορία από τους αρχαίους, οι οποίοι τουλάχιστον είχαν πιο πειστικούς τρόπους εκλογίκευσης.

Όπως εξηγεί ο William Bramley στο βιβλίο του Gods of Eden, «η ανθρωπότητα φαίνεται να είναι μια φυλή σκλάβων που μαραζώνει σε έναν απομονωμένο πλανήτη σε έναν μικρό γαλαξία. Ως τέτοια, η ανθρώπινη φυλή ήταν κάποτε πηγή εργασίας για έναν εξωγήινο πολιτισμό και παραμένει κτήμα της μέχρι σήμερα. Προκειμένου να διατηρήσει τον έλεγχο της κατοχής του και να κρατήσει τη Γη ως ένα είδος φυλακής, αυτός ο άλλος πολιτισμός δημιούργησε ατελείωτες συγκρούσεις μεταξύ των ανθρώπων, προώθησε την πνευματική *παρακμή και δημιούργησε ανελέητες φυσικές συνθήκες στη Γη. Αυτή η κατάσταση συνεχίζεται εδώ και χιλιάδες χρόνια».*

Μετά τον θάνατο του Εωσφόρου, οι θεοί προσπάθησαν να εξαλείψουν τις μεταξύ τους αντιπαλότητες και να επαναφέρουν την ανθρωπότητα στην προηγούμενη κατάσταση υποτέλειας. Αυτό έγινε μέσω των εκπροσώπων του Εωσφόρου, οι οποίοι εισήγαγαν τον μονοθεϊσμό και διάφορες θρησκείες για να προκαλέσουν σύγχυση στις μάζες. Προκειμένου να πετύχει αυτό το σχέδιο, οι τελετουργίες που ήταν αφιερωμένες στον Εωσφόρο, οι οποίες υποτίθεται ότι αντιπροσώπευαν την ελευθερία από την καταπίεση, επαναπροσδιορίστηκαν συλλογικά ως τρόπος επίδειξης υποταγής στους θεούς. Έτσι, το βάπτισμα, αντί να είναι μια τελετουργία πνευματικής απελευθέρωσης αφιερωμένη στον Εωσφόρο, έγινε μια τελετουργία υποδούλωσης στους θεούς. Τα σύμβολα του Εωσφόρου διαχωρίστηκαν επίσης από το πραγματικό τους νόημα και τώρα συνδέονται με το κακό, όπως το φίδι.

Ο Εωσφόρος δεν ήταν μόνο ένας επιστήμονας, αλλά και ένας ιερέας-θεός, που συχνά αναπαρίσταται ως φίδι, καθώς αυτό είναι το σύμβολο της πνευματικής ανόδου. Το φίδι ήταν το σύμβολο της θρησκείας του και εξακολουθεί να συνδέεται στην Ινδία με την ενέργεια κουνταλίνι, η οποία αντιπροσωπεύει την άνοδο της ζωτικής μας ενέργειας μέσω των τσάκρας του σώματος. Η πληροφορία αυτή αποσιωπήθηκε και ό,τι αντιπροσώπευε το φίδι κατέληξε να μισείται και να φοβάται, όπως στη βιβλική σημασία που αποδίδεται στην αντίδραση του Θεού στο φίδι στην αλληγορία. Αυτό που κάποτε ήταν μια θρησκεία του διαφωτισμού διαφθάρηκε από μια θρησκεία του δόγματος, της δεισιδαιμονίας και του αποκαλυπτικού φόβου. Η ανθρωπότητα εξαπατήθηκε έτσι και έφτασε να φοβάται τις ίδιες τις διδασκαλίες που θα την οδηγούσαν στη διαφώτιση. Αποκαλώντας τους εαυτούς τους ένα, οι θεοί αντικατέστησαν την προηγούμενη λατρεία του Εωσφόρου.

Έκτοτε, οι αληθινές διδασκαλίες του Πνεύματος έχουν αλλοιωθεί ή κρυφτεί. Αυτό συνέβη με όλες τις νέες ομάδες που προσπάθησαν να εκπαιδεύσουν την ανθρωπότητα στα απόκρυφα μυστήρια, συμπεριλαμβανομένων εκείνων που ισχυρίζονται ότι είναι παρακλάδια του Αιγυπτιακού Διαφωτισμού. Ο σατανισμός, ο οποίος υποτίθεται ότι ήταν μια αντίθεση στη δουλεία και την άγνοια που προωθούνταν από τις βιβλικές διδασκαλίες, έχει γίνει μια θρησκεία μίσους, ένα θύμα των τεχνάσματα της χριστιανικής πίστης. Ο Βουδισμός, στην ουσία του, έχει διατηρήσει εδώ και πολύ καιρό τις αρχικές διδασκαλίες για την επίτευξη της νιρβάνας μέσω μιας πρακτικής που κάνει το άτομο πιο συνειδητό. Σήμερα, ωστόσο, ισχύει το ακριβώς αντίθετο: πολλοί βουδιστές είναι πεπεισμένοι ότι σκοπός του βουδισμού είναι να μην έχει κανείς σκέψεις και να γίνει ένα τίποτα, αποκομμένο από τα πάντα.

Αν και μπορούμε να συζητήσουμε αν ο Χριστός υπήρξε πραγματικά ή ήταν απλώς μια ελληνική επινόηση, δεν υπάρχει αμφιβολία ότι οι γνωστικές διδασκαλίες που συνδέονται με αυτή τη μορφή επεδίωκαν να φωτίσουν και να απελευθερώσουν την ανθρωπότητα από την άγνοια, με διδασκαλίες που παραλληλίζονται με εκείνες του Βούδα. Για το λόγο αυτό, πολλοί Βουδιστές πίστευαν ότι θα μπορούσε να είναι ο δεύτερος Βούδας, προορισμένος να συνεχίσει τις αρχικές διδασκαλίες, αφού το μήνυμα της αγάπης και της αυτοπεποίθησης ήταν το ίδιο, ενώ και οι δύο μιλούσαν για μια δημιουργική δύναμη στο σύμπαν. Ωστόσο, αυτές οι διδασκαλίες χάθηκαν για σχεδόν δύο χιλιάδες χρόνια και, όταν βρέθηκαν, αγνοήθηκαν εντελώς από εκείνους που ισχυρίζονται ότι ακολουθούν τον Χριστιανισμό. Οι σύγχρονοι χριστιανοί ακολουθούν το δόγμα και δεν ενδιαφέρονται για την αλήθεια, ειδικά αν αυτή έρχεται σε αντίθεση με τους ίδιους.

Δεδομένου ότι δεν υπάρχει καλό και κακό, αλλά μάλλον μια διαδικασία ανόδου στην οποία το μεγαλύτερο μέρος της ανθρωπότητας βρίσκεται στον πάτο, οι αβρααμικές θρησκείες κράτησαν την ανθρωπότητα στο σκοτάδι σχετικά με τη φύση και τις δυνατότητές της. Οι ανοησίες που προπαγανδίζουν αυτές οι ομάδες λειτουργούν σαν ένα κουκλοθέατρο που προωθεί τη διαίρεση, τη δυσαρέσκεια, τη δυαδικότητα και τον ανταγωνισμό και κατευθύνεται από τους ίδιους μαριονετίστες που παίζουν και τους δύο ρόλους σε αυτό το θέατρο εδώ και χιλιάδες χρόνια. Εκμεταλλευόμενη την πολικότητα ανάμεσα στον ακραίο φόβο και την απόλυτη υπακοή, η ομάδα αυτή καταφέρνει να διατηρεί τον έλεγχο των αφελών, εξαιρετικά αδαών και πρωτόγονων μαζών, οι οποίες εκλιπαρούν να υποδουλωθούν με μια εντελώς υποτακτική στάση απέναντι σε αυτούς που θεωρούν σωτήρες τους.

Κεφάλαιο 24:
Ο Αβραάμ
εξαπατήθηκε

Ε ίναι εύκολο για τις εξωτερικές δυνάμεις να εξαπατούν τους ανθρώπους, επειδή οι αβρααμικές θρησκείες δεν είναι τίποτα περισσότερο από ένα θέατρο ανοησιών. Το μόνο που έχουν να κάνουν είναι να πείσουν τους ανθρώπους ότι αλληλεπιδρούν με τον Θεό, τους δαίμονες ή τους αγγέλους και να αναπαράγουν κάποιες ολογραφικές εικόνες που αντιπροσωπεύουν αυτό που έχουν στο μυαλό τους. Δεν θα ήταν δύσκολο να υποθέσουμε ότι κάποιος θα μπορούσε να ταξιδέψει πίσω στον χρόνο, να δείξει ένα ολόγραμμα με την εμφάνιση ενός αγγέλου σε έναν αρχαίο άνθρωπο και να τον κάνει να πιστέψει οτιδήποτε. Ωστόσο, τα αρχαία γραπτά, σε αντίθεση με τις σύγχρονες πεποιθήσεις, δεν κρύβουν το γεγονός ότι αυτοί οι άγγελοι ήταν επισκέπτες από άλλους πλανήτες, όχι πάντα με τις καλύτερες προθέσεις απέναντι στην ανθρωπότητα.

Με βάση αυτά τα γεγονότα, θα μπορούσαμε να αναρωτηθούμε αν το Βατικανό είναι υπεύθυνο τόσο για την πρόσκληση κακών δυνάμεων όσο και για την εκπαίδευση εξορκιστών για την καταπολέμησή τους, όπως ακριβώς η CIA και η Μοσάντ εκπαιδεύουν τρομοκρατικές οργανώσεις με σκοπό την ανατροπή καθεστώτων που δεν θέλουν να διατηρήσουν στην εξουσία και στη συνέχεια στέλνουν τα στρατεύματά τους για να πολεμήσουν αυτές τις ομάδες όταν οι οργανώσεις αυτές γίνονται μη συνεργάσιμες. Αρκετές έρευνες, κυρίως αυτές που αποκάλυψε ο δημοσιογράφος Gary Webb, έχουν επίσης αποδείξει ότι η CIA προμηθεύει εμπόρους ναρκωτικών σε μεγάλες πόλεις των ΗΠΑ και χρησιμοποιεί τα χρήματα από τα ναρκωτικά για τη χρηματοδότηση παράνομων επιχειρήσεων, ενώ δολοφονεί σιγά σιγά τον πληθυσμό της χώρας με χαμηλό εισόδημα.

Αυτό το παιχνίδι της γάτας με το ποντίκι κρατά τις μάζες αποσπασμένες από την ανάγκη τους να επιβιώσουν, διχασμένες, φοβισμένες και, πάνω απ' όλα, υπάκουες. Όταν αυτό δεν είναι αρκετό για να τους κρατήσει υπάκουους και υπό έλεγχο, η CIA ναρκώνει και υπνωτίζει εγκληματίες μέσω διαφόρων προγραμμάτων, όπως το MK-Ultra, ώστε να διαπράττουν ακριβώς αυτό από το οποίο η CIA έχει ορκιστεί να προστατεύει τους ανθρώπους: μαζικές εκτελέσεις. Ο γενικός πανικός είναι μια εξαιρετική στρατηγική για να κρατάει τους ανθρώπους στο σπίτι τους και να τους αποσπά την προσοχή, εμποδίζοντάς τους να παρέμβουν σε πιο σημαντικά ζητήματα.

Οι illusionists όπως ο Derren Brown έχουν δείξει πόσο εύκολο είναι να υπνωτίσεις ένα τυχαίο άτομο στο δρόμο ώστε να πιστέψει οτιδήποτε, ακόμη και ένα απλό παιχνίδι arcade. Όπως έχουν αποδείξει πολλοί illusionists, η συντριπτική πλειοψηφία του πληθυσμού είναι ευάλωτη στην ύπνωση και θα πιστέψει οτιδήποτε λέτε. Αυτές οι τακτικές είναι παρόμοιες με εκείνες που χρησιμοποιήθηκαν στην ιστορία για να δημιουργηθούν πολλοί υποτιθέμενοι μεσσίες και προφήτες. Ο Μωάμεθ, για παράδειγμα, ήταν ημιλιπόθυμος ή σε έκσταση όταν ο άγγελος Γαβριήλ τον διέταξε να «Απαγγείλει!» και να καταγράψει το μήνυμα που επρόκειτο να του δώσει. Η εντολή του αγγέλου προς τον Μωάμεθ ήταν παρόμοια με εκείνη που δόθηκε νωρίτερα στον Ιεζεκιήλ στην Παλαιά Διαθήκη και στον Ιωάννη στο βιβλίο της Αποκάλυψης. Όταν ξύπνησε, ο Μωάμεθ φάνηκε να έχει την εντύπωση ότι τα λόγια του αγγέλου ήταν «γραμμένα στην καρδιά του», γεγονός που υποδήλωνε ότι είχε ναρκωθεί και είχε προγραμματιστεί ψυχολογικά να μεταδώσει τα μηνύματα που είχε λάβει.

Η αποστολή του Μωάμεθ ήταν να δημιουργήσει μια νέα θρησκεία με την ονομασία «Ισλάμ», που σημαίνει «παράδοση» - ένα βήμα προς τα εμπρός στη μονοθεϊστική ιδέα της υπακοής στον «ένα Θεό». Έτσι, οι οπαδοί του Ισλάμ πρέπει να «υποταχθούν» στον Θεό, και εφόσον τα μέλη της πίστης του Μωάμεθ ονομάζονται «μουσουλμάνοι», δηλαδή αυτοί που υποτάσσονται, αποτελούν μια άλλη ομάδα υπάκουων, τυφλών και αδαών προβάτων. Ο Μωάμεθ είπε επίσης ότι ο «Αλλάχ» είναι ο ίδιος Θεός με τον εβραϊκό και χριστιανικό Ιεχωβά. Έτσι, η πρόθεση να δημιουργηθεί μια άλλη ομάδα σκλάβων για να στρέψει τους ανθρώπους ο ένας εναντίον του άλλου ήταν ξεκάθαρη. Αυτοί οι θεοί δημιούργησαν σκόπιμα διαφορετικές μονοθεϊστικές θρησκείες για να κρατούν τους ανθρώπους σε συνεχή πόλεμο και να ενισχύουν την πίστη τους στην επιλεγμένη θρησκεία της δουλείας.

Όλες οι αβρααμικές θρησκείες έχουν τον ίδιο σκοπό και ο μονοθεϊσμός, τουλάχιστον όπως παρουσιάζεται από αυτές, δημιουργήθηκε για να κρατήσει τους ανθρώπους σε πόλεμο στο όνομα του ψεύδους. Αυτό αποδεικνύεται από τα εβραϊκά ονόματα του Θεού - Adonai και Elohim - και τα δύο στον πληθυντικό και όχι στον ενικό, καθώς και από τη λέξη Ιεχωβά, η οποία προέρχεται από τη λέξη Adonai, και τη λέξη Αλλάχ, που σημαίνει Ιεχωβά.

Ο Paul Anthony Wallis εξηγεί ότι: «Αν μεταφράσουμε τη λέξη Ελοχίμ με την αρχική της σημασία, αντί γι' αυτό που κάνουν σήμερα οι μεταφραστές, δεν αναφέρεται στον Θεό σε καμία περίπτωση. Και αν απομακρυνθούμε από αυτές τις αυθαίρετες επιλογές, επειδή είναι αυθαίρετες, μόνο σύμφωνα με το τι συμβαίνει στη δράση μπορεί κανείς να καθορίσει ποια από αυτές τις λέξεις επιλέγεται... Και αν χρησιμοποιήσουμε απλώς τη σημασία της ρίζας; Πώς θα άλλαζαν οι ιστορίες; Τη στιγμή που γίνεται αυτό, οι ιστορίες αλλάζουν, αλλά όχι τυχαία- είναι ο τρόπος που αλλάζουν που μοιάζει με τις αρχαίες ιστορίες των Σουμερίων, της Βαβυλωνίας, των Ακκάδων, της Ασσυρίας και τις προγονικές ιστορίες των πολιτισμών όλου του κόσμου. Ξαφνικά γίνεται σαφές ότι οι βιβλικές ιστορίες των ισχυρών είναι μια αναδιήγηση των ιστοριών των Σουμερίων για τους ουράνιους ανθρώπους ή των ιστοριών των Μάγια για εκείνους που έκαναν τον άνθρωπο. Δεν είναι ιστορίες για τον Θεό. Ο Θεός δεν αναφέρεται σε αυτές. Αυτές οι ιστορίες είναι η ανάμνηση της επαφής μεταξύ των προγόνων μας και των εξωγήινων επισκεπτών που ήρθαν από έναν άλλο πλανήτη, αποίκισαν τη Γη και τροποποίησαν γενετικά τους προγόνους μας για να εργαστούν γι' αυτούς. Αυτή είναι η ιστορία που κρύβεται στη Βίβλο. Αν κάνεις αυτή τη μία αλλαγή στη μετάφραση, η ιστορία σε κοιτάζει κατάματα» (στο Jeff Mara Podcast).

Κεφάλαιο 25: Εξωγήινοι και προέλευση

Οι Χριστιανοί ακολουθούν κατά λάθος μια εξωγήινη θρησκεία και λατρεύουν τις διπλές δυνάμεις που εκδηλώνονται από αυτές τις οντότητες. Αναζητούν και αποφεύγουν τις ίδιες ενέργειες, σαν το καλό και το κακό να ήταν απλώς διαφορετικές συναισθηματικές εκφράσεις αυτών των οντοτήτων. Όπως εξηγεί ο Paul Anthony Wallis: «Τη στιγμή που έχετε δύο οντότητες να διαφωνούν για το πόσο έξυπνα πρέπει να είναι τα ανθρώπινα όντα και η οντότητα που μεταφράζεται ως Θεός θέλει τα ανθρώπινα όντα τόσο μη έξυπνα που δεν ξέρουν καν ότι είναι γυμνά, αυτό δείχνει πόσο ενδιαφέρεται ο χαρακτήρας του Θεού για την ανθρώπινη πρόοδο... Τη στιγμή που κάνεις τη μεταφραστική δουλειά, καταλαβαίνεις ότι δεν πρόκειται για την ιστορία του Θεού και του Διαβόλου που αναμετρώνται, αλλά για την ιστορία των Δυνάμεων που διαφωνούν μεταξύ τους για το πόσο έξυπνα θέλουν να είναι τα ανθρώπινα όντα. Και υπάρχει ένα άτομο, μια παράταξη, που σπάει τις γραμμές και λέει: «Ας κάνουμε μια αναβάθμιση, ας τους κάνουμε από πλήρως αρσενικούς σε αρσενικούς και θηλυκούς, ας τους κάνουμε από στείρους γόνιμους, ας τους κάνουμε από μη ευφυείς ευφυείς», και αφού επηρεαστεί η αναβάθμιση, υπάρχει μια μεγάλη σύγκρουση γι' αυτό».

Αυτή η αφήγηση απηχεί ιστορίες που βρίσκονται σε κείμενα των Σουμερίων, των Ελλήνων, των Σκανδιναβών και της Μεσοαμερικής. Αυτές οι παράλληλες ιστορίες είναι παρούσες σε όλο τον κόσμο. Αν υπάρχει οποιαδήποτε αμφιβολία ότι ο αβρααμικός Θεός είναι ένα πλήθος εξωγήινων όντων, οι περιγραφές του Ιεζεκιήλ μπορούν να τη διαλύσουν. Ο Ιεζεκιήλ μας λέει: «Είδα οράματα του Θεού. Και κοίταξα, και ιδού, ένας ανεμοστρόβιλος ήρθε από τον βορρά, ένα μεγάλο σύννεφο, και υπήρχε φωτιά που αναβόσβηνε, και γύρω του υπήρχε λαμπρότητα, και από το μέσον του έλαμπε κάτι σαν κίτρινο μέταλλο. Και από το μέσον του βγήκαν τέσσερα ζωντανά πλάσματα. Και αυτή ήταν η εμφάνισή τους: έμοιαζαν με ανθρώπους. Και τα πόδια τους ήταν ίσια, και η σόλα των ποδιών τους ήταν σαν σόλα ποδιού μοσχαριού· και έλαμπαν σαν στιλβωμένος χαλκός. Είχαν ανθρώπινα χέρια κάτω από τις τετράπλευρες φτερούγες τους. Οι φτερούγες τους ήταν ενωμένες μεταξύ τους, και δεν γύριζαν όταν περπατούσαν, αλλά περπατούσαν όλως ευθεία. Όσο για την εμφάνιση των προσώπων τους, είχαν το πρόσωπο ανθρώπου και το πρόσωπο λιονταριού στα δεξιά, και το πρόσωπο βοδιού στα αριστερά, και το πρόσωπο αετού. Όταν βγήκαν έξω, άκουσα τον ήχο των φτερών τους, σαν τον ήχο πολλών νερών, σαν τη φωνή του Παντοδύναμου, σαν τον ήχο στρατού. Όταν σταμάτησαν, κατέβασαν τα φτερά τους. Και μια φωνή ακούστηκε από το κρυστάλλινο κάλυμμα πάνω από τα κεφάλια τους, καθώς οι φτερούγες τους ανεβοκατέβαιναν» (1:1-25). Η φωνή είπε στον Ιεζεκιήλ ότι ήταν «ο Κύριος ο Θεός του» (Ιεζεκιήλ 2:4).

Ο Ιεζεκιήλ περιγράφει τον αβρααμικό Θεό ως πολλούς, που παρουσιάζονται ως ένας, όχι συμβολικά ή αγγελικά, αλλά πραγματικά όντα με ανθρώπινη εμφάνιση. Σημειώνει ότι δεν είναι τόσο μυστηριώδεις όσο τους παρουσιάζει η θρησκεία. Σύμφωνα με τον ίδιο, το «μεγάλο σύννεφο» με το οποίο ταξίδευαν ήταν ξεκάθαρα φτιαγμένο από «μέταλλο». Τα πλάσματα έμοιαζαν με συνηθισμένους ανθρώπους, ή «με ομοιότητα ανθρώπων», και πιθανώς φορούσαν μπότες, καθώς χρησιμοποιεί τον όρο «πόδι μοσχαριού» αναφερόμενος στα σανδάλια τους. Δεν είχε ξαναδεί ποτέ στο παρελθόν τέτοιες μπότες. Αναφέρει επίσης ότι είχαν «ανθρώπινα χέρια» και ότι ταξίδευαν με ένα όχημα με «τετράπλευρα φτερά», παρόμοιο με ένα σύγχρονο drone. Αυτές οι περιγραφές αναφέρονταν σε ένα όχημα που, για τον Ιεζεκιήλ, ήταν μέρος του Θεού. Όπως πολλοί πριν από αυτόν, ο Ιεζεκιήλ στην περιγραφή του ομαδοποιεί τα πάντα κάτω από τη λέξη «Θεός», συμπεριλαμβανομένων των οχημάτων, των διαστημοπλοίων και των εξωγήινων, αν και διακρίνει σαφώς τα όντα, τα οποία μοιάζουν με ανθρώπους. Η περιγραφή του Ιεζεκιήλ είναι σύμφωνη με άλλες στη Βίβλο που υποδηλώνουν ότι ο Ιεχωβά, ο Ελοχίμ, ο Θεός ή όποιο όνομα κι αν του δώσουμε αναφέρεται σε εξωγήινα όντα με ανθρώπινη εμφάνιση που πετούν με διαστημόπλοια.

Η ιδιοσυγκρασία αυτών των θεών είναι επίσης παρόμοια με εκείνη των ανθρώπων, καθώς χαίρονται μόνο με την απόλυτη υποταγή και θυμώνουν με την ανυπακοή. Διατάζουν τη γενοκτονία ολόκληρων πληθυσμών που δεν τους υπακούουν, φέρνοντας έτσι τον πολιτισμό στη σημερινή του κατάσταση, όπου κυριαρχούν οι άνθρωποι υπό τον έλεγχό τους και τον έλεγχο του ιερατείου τους. Αυτό δείχνει ξεκάθαρα ότι δεν ενδιαφέρονται για την απελευθέρωση ή την πνευματική άνοδο της ανθρωπότητας. Στην πραγματικότητα, αυτή η ομάδα είναι τόσο απίστευτα ψυχοπαθής, ναρκισσιστική και σκληρή που έχει οδηγήσει ορισμένους να αναρωτιούνται αν προέρχονται πραγματικά από έναν προηγμένο πολιτισμό ή αν είναι μια προβολή του δικού μας μέλλοντος. Σίγουρα δεν υπάρχει κανένας λόγος να τους λατρεύουμε και να χτίζουμε θρησκείες γύρω από την τυφλή υπακοή στις ψευδείς διδασκαλίες τους, που έχουν σχεδιαστεί για να κρατήσουν την ανθρωπότητα αδαή και υποταγμένη.

Οι θρησκείες που προωθούν αυτά τα όντα για τους προφήτες τους φαίνεται να είναι συνεχείς ενημερώσεις της πρόθεσής τους να κρατήσουν την ανθρωπότητα σε άγνοια, ενώ ταυτόχρονα χρησιμοποιούν αυτές τις νέες ομάδες για να εξοντώσουν τις προηγούμενες, που θεωρούνται ανεπιθύμητες. Αυτός είναι ο λόγος για τον οποίο οι Χριστιανοί καταδίωξαν τους Εβραίους και άλλες χριστιανικές ομάδες που θεωρήθηκαν λιγότερο υπάκουες στις διδασκαλίες της δουλείας και περισσότερο ενδιαφερόμενες για την πνευματική άνοδο, όπως οι Καθαροί. Αργότερα, οι Μουσουλμάνοι προσπάθησαν να κάνουν το ίδιο με όλες τις άλλες ομάδες, συμπεριλαμβανομένων των Χριστιανών και των Εβραίων. Κάθε θρησκεία που προέρχεται από την ίδια καταγωγή καταλήγει να γίνει το ακριβώς αντίθετο από αυτό που ισχυρίζεται ότι είναι: όχι μια θρησκεία της αγάπης και της σοφίας, αλλά της γενοκτονίας και της μισαλλοδοξίας.

Η τυφλή υπακοή που προτείνει το Ισλάμ είναι καλύτερη από τη χριστιανική τυφλή υπακοή, η οποία είναι πιο καταπιεστική μορφή υπακοής από τον Ιουδαϊσμό. Ο Ιουδαϊσμός, από την πλευρά του, απομακρύνεται από την πιο επιστημονική, πνευματική και ηθική προσέγγιση της πνευματικότητας που συναντάται στις μυστικιστικές σχολές της Αιγύπτου. Κάθε νέα θρησκεία που προωθείται από αυτούς τους εξωγήινους επιδιώκει να είναι πιο καταπιεστική, μισαλλόδοξη, αδαής και καταπιεστική από την προηγούμενη. Η τυφλή υπακοή σε αυτούς τους θεούς δικαιολογεί τη δολοφονία αθώων. Αυτός είναι ο λόγος για τον οποίο, όταν το Ισραήλ βομβαρδίζει την Παλαιστίνη και δολοφονεί χιλιάδες παιδιά, όπως βλέπουμε τώρα και τα τελευταία χρόνια, ο υπόλοιπος κόσμος, ειδικά εκείνοι που έχουν χριστιανική ή εβραϊκή καταγωγή, σιωπούν και διαμαρτύρονται μόνο όταν μια χώρα που κυριαρχείται από τη θρησκευτική τους ιδεολογία δέχεται επίθεση. Αυτή η υποκρισία και η περιφρόνηση για την αθώα ζωή, ιδιαίτερα των παιδιών, δείχνει ξεκάθαρα τι αντιπροσωπεύουν αυτές οι θρησκείες.

Κεφάλαιο 26: Η σκληρότητα του Θεού

Ό ποιος έχει διορατικό μυαλό θα πρέπει να αναγνωρίσει τη σκληρότητα του βιβλικού Θεού όταν διαβάζει χωρία όπως το Ιησούς του Ναυή 10:40: «Δεν άφησε κανέναν, αλλά κατέστρεψε ολοσχερώς κάθε τι που ανέπνεε, όπως πρόσταξε ο Κύριος, ο Θεός του Ισραήλ». Σύμφωνα με τη Βίβλο, οι ιθαγενείς αυτής της περιοχής καταδικάστηκαν σε θάνατο επειδή δεν υπάκουσαν τον Θεό. Αυτό δικαιολογούσε την επιλογή των πιο υπάκουων Εβραίων ως ευνοούμενων του Ιεχωβά. Αν όσοι διαβάζουν αυτά τα πράγματα στα ιερά τους βιβλία δεν βλέπουν τίποτα κακό και μάλιστα θεωρούν ότι αυτές οι πράξεις είναι δικαιολογημένες, τότε οι οπαδοί αυτού του Θεού βρίσκονται σε ψυχωτική κατάσταση.

Αν ακολουθήσουμε τη σκέψη πολλών σύγχρονων χριστιανών στις Ηνωμένες Πολιτείες και σιωνιστών στο Ισραήλ και υποθέσουμε ότι οι Καυκάσιοι είναι πιο πιστοί στην καταγωγή τους ως λαός του Θεού ή ιδανικοί σκλάβοι, πρέπει επίσης να υποθέσουμε ότι οι Καυκάσιοι, οι οποίοι μοιάζουν περισσότερο στην εμφάνιση με αυτή την ομάδα όντων του Ιεχωβά, διαφέρουν από τους άλλους ανθρώπους στο ότι είναι οι πιο σκληροί, υπάκουοι, ηλίθιοι και εύκολα χειραγωγούμενοι. Αυτό σημαίνει ότι οι Καυκάσιοι έχουν λιγότερες δυνατότητες να ανέλθουν και να εγκαταλείψουν τη Γη. Ωστόσο, σημαίνει επίσης ότι είναι τα καταλληλότερα αρπακτικά για να κληρονομήσουν μια Γη που θα διοικείται από αυτούς τους εξωγήινους. Αυτό τους τοποθετεί στον πάτο της ανθρώπινης ιεραρχίας, ανεξάρτητα από το πόσο βίαιοι υπήρξαν απέναντι στους άλλους. Η έλλειψη συμπόνιας των Καυκάσιων είναι απόδειξη της κατώτερης πνευματικής τους κατάστασης.

Η αληθινή φύση και οι ικανότητες κάθε πνευματικού όντος έχουν συσκοτιστεί από δόγματα που ισχυρίζονται ότι μόνο ένα Ανώτατο Ον μπορεί να απολαμβάνει καθαρή πνευματική ύπαρξη και απεριόριστο πνευματικό δυναμικό, και ότι αυτό το Ανώτατο Ον έχει λευκό δέρμα. Ως αποτέλεσμα, βλέπουμε ρατσισμό ακόμη και σε πολιτισμούς όπου δεν έχει νόημα, αφού η εξέλιξη έχει κάνει τα φυσικά χαρακτηριστικά αυτών των ανθρώπων πιο σκούρα, ώστε να μπορούν να προστατεύονται από το ηλιακό φως και να προσαρμόζονται στην τροπική υγρασία.

Αυτή η νοοτροπία ανακατευθύνει τις δυνατότητες και τις ευκαιρίες που οι άνθρωποι έχουν ήδη μέσα τους σε μια εξωτερική πηγή, περιορίζοντάς τες αποκλειστικά με βάση τη θρησκεία και την εμφάνιση. Έτσι, γίνονται ευάλωτοι σε κάθε πνευματική εκδήλωση ή επιστημονικό τέχνασμα που θα μπορούσε να χρησιμοποιηθεί εναντίον τους, είτε από μια εξωγήινη οντότητα είτε από άλλους με τέτοια δύναμη και τεχνολογία. Αυτή η κατάσταση του νου όχι μόνο αρνείται στους ανθρώπους τις δικές τους πνευματικές δυνατότητες για διαφώτιση, αλλά επίσης τους κρατάει σε έναν αέναο κύκλο μετενσάρκωσης στη Γη, ειδικά καθώς τους λένε ότι η μετενσάρκωση είναι ένα κακό τέχνασμα και δεν είναι πραγματική, οπότε δεν θα ερευνήσουν το θέμα από φόβο για επιπτώσεις. Είναι η ίδια στάση που είχαν οι σκλάβοι στην Εδέμ όταν τους είπαν ότι η σοφία είναι κακό πράγμα.

Πόσο μακριά από την αλήθεια πρέπει να είσαι για να σκέφτεσαι έτσι; Όσοι εξακολουθούν να το πιστεύουν αυτό δεν απέχουν πολύ από τα πρωτεύοντα θηλαστικά της ζούγκλας. Αυτού του είδους η πλάνη θέτει τους ανθρώπους στο έλεος των ιεροκήρυκών τους, οι οποίοι, όπως είναι φυσικό, συχνά καταχρώνται αυτή τη δύναμη, είτε αποσπώντας μεγάλα χρηματικά ποσά από τους οπαδούς τους είτε διαπράττοντας βιασμούς κατά γυναικών και παιδιών.

Οι αβρααμικές θρησκείες έχουν γίνει μια εξελιγμένη μορφή μαζικής χειραγώγησης, επιτρέποντας τη χρήση προηγμένης τεχνολογίας για την εκμετάλλευση των παιδικών φαντασιώσεων και προσδοκιών. Με τον τρόπο αυτό, εμπόδισαν τους ανθρώπους να αποκτήσουν πρόσβαση στην αληθινή εσωτερική γνώση και τους έκαναν να αδιαφορούν εντελώς για να διαβάσουν οτιδήποτε δεν βρίσκεται μέσα στα εξώφυλλα των θρησκευτικών τους βιβλίων. Η θρησκεία έχει γίνει συνώνυμο της βλακείας, της άγνοιας της ίδιας της ψυχής και της τυφλής πίστης. Αυτό συμβαίνει παρά την πληθώρα των στοιχείων που περιγράφουν τον Αβρααμικό Θεό ως εξωγήινο ον.

Στην Παλαιά Διαθήκη, για παράδειγμα, αναφέρεται: «Έγινε βροντή και αστραπή και πυκνό σύννεφο πάνω από το βουνό, και ο ήχος της σάλπιγγας ήταν πολύ δυνατός· και όλος ο λαός που ήταν στο στρατόπεδο έτρεμε. Τότε ο Μωυσής οδήγησε τον λαό έξω από το στρατόπεδο για να συναντήσουν τον Θεό, και στάθηκαν στους πρόποδες του βουνού. Και το όρος Σινά καλύφθηκε εντελώς από καπνό, επειδή ο Κύριος είχε κατέβει επάνω του με φωτιά- και ο καπνός της φωτιάς ανέβαινε σαν καπνός από καμίνι, και ολόκληρο το βουνό έτρεμε πολύ» (Έξοδος 19:16).

Μπορείτε να πιστεύετε σε ιπτάμενα σύννεφα και φωτιά από την οποία κατεβαίνει ένας θεός, αν προτιμάτε τη φανταστική εκδοχή, ή μπορείτε να ξεπεράσετε το παιδικό σας μυαλό και να δείτε τα πράγματα όπως είναι. Τεχνολογία UFO. Αυτή η τεχνολογία UFO παρήγαγε ορισμένους ήχους που περιγράφονται ως «αστραπές και ήχος σάλπιγγας» (Έξοδος 19:16). Αυτές οι γραφές μας δίνουν επίσης μια σαφή περιγραφή του πώς ο Θεός ταξίδευε με σύννεφο, όταν λένε: «Ο Κύριος πήγαινε μπροστά τους [τις εβραϊκές φυλές] την ημέρα με στήλη σύννεφου για να τους οδηγεί στον δρόμο, και τη νύχτα με στήλη φωτιάς για να τους φωτίζει- πήγαινε την ημέρα και τη νύχτα- δεν απομάκρυνε τη στήλη της σύννεφου την ημέρα ούτε τη στήλη της φωτιάς τη νύχτα από μπροστά από τον λαό» (Έξοδος 13:21-22).

Είναι σαφές ότι η στήλη της φωτιάς εδώ αναφέρεται στα φώτα που έβγαιναν από το εσωτερικό του διαστημοπλοίου, επειδή η εμφάνιση αυτής της φωτιάς ή των φώτων του διαστημοπλοίου αναφέρεται σε πολλές αναφορές για την παρουσία του Θεού. Έτσι, οι οπαδοί των αβρααμικών φαντασιώσεων εξαπατήθηκαν και προσευχήθηκαν για τη δική τους υποδούλωση, όπως αποδεικνύεται από τη «νοοτροπία των προβάτων» που ενισχύουν στις κοινότητές τους και από τον ισχυρισμό ότι ο Θεός είναι ο ποιμένας τους. Φανταστείτε μια θρησκεία στην οποία οι άνθρωποι επαναλαμβάνουν εβδομαδιαία: «Είμαι ένα αδαές ον χωρίς ελεύθερη βούληση και ο Θεός με καθοδηγεί επειδή δεν μπορώ να σκεφτώ μόνος μου- είμαι απλώς ένα χαζό πρόβατο».

Τα τραγούδια και τα μάντρα των αβρααμικών θρησκειών μπορεί να μη φαίνονται τόσο προφανή, αλλά με τον έναν ή τον άλλο τρόπο ταιριάζουν σε αυτή την παραδοχή. Το κανιβαλιστικό τελετουργικό του να πίνουμε κρασί σαν να ήταν αίμα και να τρώμε ψωμί σαν να ήταν το σώμα του Ιησού έχει επίσης ελάχιστη σχέση με τον θαυμασμό για τις διδασκαλίες ενός ανθρώπου και πολύ με την έλλειψη σεβασμού για την ύπαρξή του. Όσοι λένε το αντίθετο προσπαθούν να σας πείσουν ότι ο καλύτερος τρόπος για να τον θυμάστε μετά θάνατον είναι να προσποιείστε ότι τρώτε το σώμα του και πίνετε το αίμα του.

Τι θα γινόταν αν σας δολοφονούσαν με ένα ξύλο και οι άνθρωποι χρησιμοποιούσαν το ίδιο όπλο για να γιορτάσουν το θάνατό σας; Κι αν το όνομά σου ήταν Εμμανουήλ, αλλά σε αποκαλούσαν γουρούνι; Γιατί αυτό σημαίνει ο Ιησούς στα λατινικά: γουρούνι της γης (από τον συνδυασμό του «je» ή «ge», που σημαίνει «γη», και του «sus», που σημαίνει «γουρούνι»). Έπειτα υπάρχουν οι αναγεννημένοι χριστιανοί με ακόμα πιο ριζοσπαστικούς παραλογισμούς, όπως οι Μάρτυρες του Ιεχωβά, οι οποίοι στην πραγματικότητα περιμένουν το τέλος του κόσμου για να αναγεννηθούν στον παράδεισο. Είναι σαν να λένε: «Σας παρακαλώ, σκοτώστε μας όλους για να δούμε πόσο θαυμάσια είναι η μετά θάνατον ζωή». Αυτή η στάση δεν διαφέρει πολύ από εκείνη που υιοθέτησε ο λαϊκός ναός Jonestown στη Γουιάνα, μια άλλη αβρααμική ομάδα αναγεννημένων χριστιανών που σκέφτηκε ακριβώς το ίδιο πράγμα, απομονώνοντας τους εαυτούς τους από την κοινωνία και μην εμπιστευόμενοι κανέναν άλλον εκτός από τα ίδια τους τα μέλη πριν από τη μαζική αυτοκτονία τους.

Κεφάλαιο 27: Αποκαλυπτόμενες τακτικές

Πολλοί θεωρούν ότι οι Μάρτυρες του Ιεχωβά δεν είναι απλώς ένας άλλος εξτρεμιστικός κλάδος των αβρααμικών θρησκειών, αλλά και μια ανανεωμένη εκδοχή μιας αίρεσης αυτοκτονίας. Μετά από περισσότερα από είκοσι χρόνια αλληλεπίδρασης με τα μέλη τους και παρακολούθησης των συναντήσεών τους, έχω καταλήξει στο συμπέρασμα ότι χρησιμοποιούν τακτικές χειραγώγησης συγκρίσιμες με εκείνες της CIA. Είναι εκπαιδευμένοι σε μεθόδους χειραγωγικού ελέγχου του νου για να στρατολογούν νέα μέλη και σκόπιμα λένε ψέματα για να προσελκύσουν περισσότερους ανθρώπους στην ομάδα, δικαιολογώντας αυτά τα ψέματα ως πράξεις πίστης. Έχουν επίσης γίνει εξαιρετικά παρανοϊκοί απέναντι σε κάθε ξένο που θέλει να μάθει από την ομάδα τους. Πραγματοποιούν εντατικούς ελέγχους στην προσωπική ζωή του καθενός, οι οποίοι ξεπερνούν την ψυχολογική κακοποίηση και οδηγούν εύκολα σε παρενόχληση. Χρησιμοποιούν την παρενόχληση για να ελέγχουν τα μέλη τους. Πολυάριθμες δημόσιες ιστορίες από θύματα αυτής της ομάδας επιβεβαιώνουν αυτές τις παρατηρήσεις.

Μια πιο προσεκτική ματιά αποκαλύπτει μια πολύ παρανοϊκή και απαθής ιδεολογία. Αυτό ακριβώς θέλουν οι οπαδοί αυτής της ιδεολογίας. Ποτέ δεν ξεκινούν πολέμους, αλλά τους καλωσορίζουν ως σημάδι ότι ο παράδεισος είναι κοντά. Αυτή η σαδιστική ευχαρίστηση στον πόλεμο είναι ανησυχητική από ψυχολογική άποψη, αλλά δεν είναι τόσο ανησυχητική όσο το ευρύτερο πανόραμα των αναγεννημένων χριστιανών, το οποίο ξεπερνά τα όρια του παραλογισμού. Οι νέες μορφές του χριστιανισμού δεν είναι τίποτα περισσότερο από μαζική πλύση εγκεφάλου που οδηγεί τους ανθρώπους πίσω σε ξεπερασμένες και παράλογες απόψεις για τον χριστιανισμό, κάνοντάς τους να συμπεριφέρονται σαν απαθή πρόβατα που λατρεύουν μια θυσιαστική μορφή, ενώ γιορτάζουν με το όπλο που τον σκότωσε και προσποιούνται ότι τρώνε το σώμα του. Αν ήμουν ψυχοπαθής και ήθελα να δημιουργήσω μια θρησκεία, αυτή θα ήταν μια εξαιρετική θρησκεία. Θα περιλάμβανε κανιβαλισμό, τελετουργίες πόσης αίματος, κοροϊδία ενός προφήτη γιορτάζοντας τον θάνατό του και μια ομάδα ανθρώπων που θα επαναλάμβανε αυτοεξευτελιστικά μάντρα και τραγούδια.

Η Ρωμαϊκή Αυτοκρατορία δεν μπορούσε να νικήσει τους αρχαίους Χριστιανούς σφαγιάζοντάς τους, οπότε έπρεπε να τους διαφθείρει εκ των έσω καταστρέφοντας τη θρησκεία. Ο σημερινός χριστιανισμός, με όλα τα παρακλάδια της μαζικής πλάνης, έχει ελάχιστη σχέση με τις αρχικές διδασκαλίες. Ωστόσο, όπως έχω ήδη παρατηρήσει, η συντριπτική πλειοψηφία των ανθρώπων δεν ενδιαφέρεται για την αλήθεια. Αυτή η αλήθεια μας δείχνει ότι όλοι οι θεοί είναι ανθρώπινες αναφορές σε εξωγήινους, παρόλο που υπάρχει ένας Θεός, μια ζωντανή συνείδηση στο σύμπαν, ένας Δημιουργός που ενώνει τις πολλές διαπλανητικές οικογένειες. Αυτή η ιδέα απορρίπτεται υπέρ μιας συγκεκριμένης ομάδας όντων που τρέφονται από τις άρρωστες ψευδαισθήσεις των ανθρώπων. Οι άνθρωποι έχουν απομακρυνθεί τόσο πολύ από την πραγματικότητα που πιστεύουν ότι το πεντάκτινο αστέρι, ένα σύμβολο που συναντάται σε όλη τη φύση, ιδίως στα λουλούδια, είναι σύμβολο λατρείας του διαβόλου.

Πολλές ερμηνείες του Θεού εξακολουθούν να κρύβουν εξωγήινες παρεμβάσεις, επειδή οι άνθρωποι είναι ανώριμοι και ανίκανοι να αντιμετωπίσουν την πραγματικότητα. Γελούν ακόμη και με την πιθανότητα εξωγήινης παρέμβασης, σαν να βγάζουν περισσότερο νόημα οι φαντασιώσεις τους. Πολλές από τις αλληγορίες και τις υποθέσεις στα θρησκευτικά βιβλία είναι φαντασιώσεις που αντιπροσωπεύουν καλύτερα τον φανταστικό κόσμο των ανθρώπων και επομένως αντανακλούν το χαμηλό γνωστικό τους επίπεδο. Όπως και με πολλά άλλα θέματα, οι μάζες τείνουν να υπεραπλουστεύουν ό,τι δεν καταλαβαίνουν ή δεν αποδέχονται στη θρησκεία. Είναι σαν να έχεις εκατοντάδες χρώματα και να τα αποκαλείς όλα μαύρα ή άσπρα. Αλλά οι γραφές είναι πολύ σαφείς. Για παράδειγμα, το βιβλίο της Γένεσης λέει: «Αυτοί που κατέβηκαν από τον ουρανό και δημιούργησαν τον άνθρωπο», όχι «ο Θεός που κατέβηκε από τον ουρανό». Λέει επίσης: «Ας κάνουμε τον άνθρωπο κατ' εικόνα μας» (Γένεση 1:26), στον πληθυντικό και όχι στον ενικό. Αυτές οι φράσεις θα πρέπει να είναι αρκετές για να υποθέσουμε ότι υπάρχει πληθώρα θεών και ένα Ανώτατο Ον, που ονομάζεται επίσης Θεός, ο Δημιουργός του σύμπαντος και των πλανητών.

Με την εμμονή τους στην υπεραπλούστευση, οι άνθρωποι έχουν βάλει τα πάντα στην ίδια κατηγορία, σε σημείο να περιγράφουν τον Σατανά και τον Θεό στο ίδιο βιβλίο, με εναλλάξιμους ρόλους. Η ανθρωπότητα έκανε το ίδιο πράγμα όταν δημιούργησε πολλά ονόματα για αυτόν τον θεό, συγχέοντάς τον με τον Ένκι και στη συνέχεια επινοώντας μια μορφή που ονομάζεται Ιησούς για να συμβολίσει τη μετενσάρκωση αυτού του θεού του ήλιου. Το επίπεδο της γνωστικής εξασθένησης είναι τόσο απίστευτο που οι άνθρωποι αδυνατούν να δουν τους δικούς τους περιορισμούς και αντ' αυτού προσβάλλουν και χαρακτηρίζουν ως αλαζόνα και βλάσφημο όποιον τους δείχνει το προφανές: ότι οι περισσότεροι ενήλικες είναι πολύ ηλίθιοι για να καταλάβουν αυτά που λένε ή τα ίδια τους τα βιβλία, τα οποία συχνά ερμηνεύουν και μελετούν λανθασμένα, όπως ακριβώς ένα παιδί με μαθησιακές δυσκολίες. Η διαφορά είναι ότι τα παιδιά έχουν τους ενήλικες να τα διορθώνουν, ενώ οι ενήλικες δεν δέχονται να τους διορθώνει κανείς.

Ο Θεός, ο δημιουργός των ινδουιστικών γραφών, δημιούργησε τη Γη και τους πολλούς πλανήτες του σύμπαντος. Στη συνέχεια, οι άνθρωποι δημιουργήθηκαν από εξωγήινους για να είναι σκλάβοι τους, όπως έχουν αποδείξει η επιστήμη και η αρχαιολογία. Πριν από αυτή την παρέμβαση, υπήρχαν ήδη ανθρώπινα όντα στη Γη, πιθανότατα πολύ πιο προηγμένα από άποψη συνείδησης, αλλά όχι τόσο αποφασισμένα να υποδουλωθούν και να δουλεύουν για τα προς το ζην πληρώνοντας φόρους χωρίς να αμφισβητούν τον σκοπό τους, όπως κάνουν πολλοί σήμερα και όπως έκαναν πάντα στο παρελθόν. Πολλοί άνθρωποι θα πουν ότι μια ζωή χωρίς θυσίες δεν είναι μια ζωή αφιερωμένη στον Θεό, ή ότι το να μην εργάζεται κανείς δεν είναι κάτι πνευματικό, επειδή είναι τόσο εξαρτημένοι από τα γενετικά τους εμφυτεύματα που δεν μπορούν να δουν τίποτα πέρα από μια κατάσταση υποτέλειας στο παράλογο.

Κεφάλαιο 28: Ανάληψη και δουλεία

Αν οι άνθρωποι ήταν φωτισμένοι, θα έφτιαχναν μια κοινωνία ρομπότ και άλλων μηχανών που θα εργάζονταν γι' αυτούς και θα αφιέρωναν τον χρόνο τους σε πνευματικές και διανοητικές ασχολίες μέσω της τέχνης, της μουσικής και των σπουδών, όπως θα έπρεπε να κάνουν οι προηγμένοι πολιτισμοί. Ωστόσο, η επιστήμη συχνά μοιάζει με την ανθρώπινη άγνοια, αρνούμενη την εξωτερική παρέμβαση και την ανάγκη να αμφισβητήσουμε το παρελθόν μας προκειμένου να κινηθούμε προς μια νέα κατεύθυνση, αντί να είμαστε παθητικοί παρατηρητές ενός κόσμου που σχεδιάστηκε για εμάς και διατηρείται με τυφλή πίστη. Η ανθρωπότητα έχει πολύ δρόμο να διανύσει, αλλά είναι πιο κοντά στην υποδούλωσή της παρά στην εξέλιξη, ειδικά καθώς πολλοί προσπαθούν να χρησιμοποιήσουν την επιστήμη για να κρατήσουν την ανθρωπότητα υποδουλωμένη.

Η σωτηρία σήμερα είναι μόνο σε ατομικό επίπεδο και έρχεται μέσα από τη διάκριση και τη θυσία συναισθηματικών ιδανικών, όπως η ανάγκη για συντροφικότητα και η αίσθηση του ανήκειν σε μια ομάδα. Αυτή η ταπεινότητα είναι ο μόνος δρόμος για την ανάληψη και την απελευθέρωση από τη φυλακή που αντιπροσωπεύει ο πλανήτης Γη. Ξεκινά με την αποδοχή ότι είμαστε αθάνατοι και ότι η Γη δεν είναι ο μοναδικός κατοικημένος πλανήτης, αλλά ένας από τους δισεκατομμύρια πλανήτες στους οποίους μπορούμε να ξαναγεννηθούμε. Ως αφυπνισμένα πνεύματα, πρέπει πρώτα να εργαστούμε για την απελευθέρωσή μας σε αυτόν τον πλανήτη αποκτώντας αληθινή γνώση και στη συνέχεια να αναληφθούμε σε άλλα βασίλεια όπου θα είμαστε ελεύθεροι από τον πόνο και την άγνοια που κάνουν τη ζωή στη Γη αυτό που είναι. Το αντίθετο μονοπάτι είναι ένα βήμα μακριά από ολοκληρωτικά καθεστώτα, όπως έχουμε δει πολλές φορές στην ανθρώπινη ιστορία.

Είδαμε τι συνέβη με τον κοροναϊό. Ήταν ένα βιολογικό όπλο που δημιουργήθηκε από ισχυρά και άπληστα άτομα, το οποίο εξαπολύθηκε εναντίον άλλων ανθρώπων για να καταστρέψει οικονομίες και να αλλάξει το πολιτικό τοπίο του κόσμου, στοχεύοντας ανεπιθύμητες ομάδες της κοινωνίας. Και επειδή οι άνθρωποι είναι βυθισμένοι στο φόβο και το θρησκευτικό δόγμα, συνεργάστηκαν, συχνά με την υποστήριξη των ίδιων των ιεροκήρυκών τους, οι οποίοι τους οδήγησαν να κάνουν ένα εμβόλιο που αλλοιώνει το μυαλό και το DNA - το σημάδι του Θεού-Κτήνους, το σημάδι της αμαρτίας ή της δουλείας.

Οι άνθρωποι είναι τόσο βυθισμένοι και εξαρτημένοι από το σύστημα που το θεωρούν φυσιολογικό και δεν μπορούν να ζήσουν χωρίς αυτό. Φοβούνται ότι θα πεθάνουν, ότι θα χάσουν τη δουλειά τους, ότι δεν θα έχουν φίλους και συγγενείς να τους στηρίξουν συναισθηματικά, ότι θα χαρακτηριστούν τρελοί και θα εξοστρακιστούν. Ο ίδιος ο φόβος να διαφωνήσουν με αυτή την τρέλα τους καθιστά ευάλωτους σαν τα βοοειδή. Οι άνθρωποι έχουν φτάσει να φοβούνται ότι δεν είναι μέρος ενός ψέματος, μιας νοοτροπίας αγέλης, επειδή δεν γνωρίζουν άλλη πραγματικότητα. Γι' αυτό καμία συνωμοσία δεν θα γίνει αποδεκτή αν παρουσιαστεί ενάντια στο φόβο των διακρίσεων.

Οι έχοντες την εξουσία έχουν ανακαλύψει ότι ο φόβος είναι το καλύτερο εργαλείο για τη χειραγώγηση των μαζών, γι' αυτό και η θρησκεία εξακολουθεί να χρησιμοποιεί το φόβο για να συγκεντρώσει μεγάλο αριθμό οπαδών. Ωστόσο, ο φόβος είναι το μονοπάτι προς το σκοτάδι, καθώς περιορίζει τις γνωστικές μας ικανότητες και επομένως την ικανότητά μας να αμφισβητούμε και να κατανοούμε τον εαυτό μας. Αυτή η κατάσταση μας κρατάει κολλημένους σε αυτόν τον πλανήτη, ανίκανους να ανέλθουμε σε ανώτερες σφαίρες. Εμποδίζει επίσης αυτά τα άτομα να βοηθήσουν όσους εργάζονται για την απελευθέρωση άλλων ψυχών, ιδίως λόγω των διακρίσεων που επιβάλλουν στους μη πιστούς, λες και μια καφέ αγελάδα είναι διαφορετική από μια λευκή ή μαύρη αγελάδα ή λες και οι αγελάδες μπορούν να διαφοροποιηθούν με βάση τον κτηνοτρόφο, λες και οι αγελάδες δεν υπόκεινται όλες στην ίδια μοίρα.

Η αληθινή ελευθερία αρχίζει όταν απελευθερωνόμαστε από τα δεσμά του φόβου και της άγνοιας, αλλά χρειάζεται θάρρος για να αμφισβητήσουμε τις καθιερωμένες δομές και να αναζητήσουμε την αλήθεια πέρα από τα φαινόμενα. Η ανθρωπότητα έχει τη δυνατότητα να επιτύχει σπουδαία πράγματα, αλλά είναι παγιδευμένη σε έναν φαύλο κύκλο επανάληψης των ίδιων λαθών και μη λήψης των ίδιων μαθημάτων. Η αποδοχή της αθανασίας μας και η συνειδητοποίηση ότι η Γη είναι απλώς ένας σταθμός στο κοσμικό μας ταξίδι είναι βασικά βήματα προς την πνευματική ανάβαση.

Η ιδανική κοινωνία θα ήταν μια κοινωνία στην οποία κάθε άτομο θα είναι ελεύθερο να εξερευνήσει το πλήρες δυναμικό του, όπου η συνεργασία και η αγάπη θα υπερισχύουν του ανταγωνισμού και του φόβου. Ένας κόσμος στον οποίο η τεχνολογία χρησιμοποιείται για να ανυψώσει την ανθρώπινη συνείδηση, όχι για να την υποδουλώσει. Για να επιτευχθεί αυτή η κοινωνία, κάθε άτομο πρέπει να αναλάβει την ευθύνη για τη δική του εξέλιξη και να αναζητήσει την αλήθεια με θάρρος και αποφασιστικότητα. Η ανταμοιβή είναι η αληθινή ελευθερία και η άνοδος σε ανώτερες σφαίρες. Η επιλογή είναι δική μας: να παραμείνουμε παθητικοί παρατηρητές ή να αναλάβουμε τον έλεγχο του πεπρωμένου μας.

Γλωσσάριο

Διαφώτιση: είναι η κατάσταση πνευματικής αντίληψης και κατανόησης που υπερβαίνει τη συνηθισμένη συνείδηση. Το βιβλίο συζητά τη διαφώτιση ως στόχο για όσους επιδιώκουν να απελευθερωθούν από τα θρησκευτικά δόγματα.

Microchipping: συνίσταται στην εμφύτευση μικροτσίπ σε άτομα για διάφορους σκοπούς, όπως η ταυτοποίηση ή ο εντοπισμός. Το βιβλίο διερευνά τις ηθικές και κοινωνικές επιπτώσεις του microchipping και τις δυνατότητές του για έλεγχο και χειραγώγηση.

Αβρααμικές θρησκείες: Οι τρεις κύριες μονοθεϊστικές θρησκείες - ο Ιουδαϊσμός, ο Χριστιανισμός και το Ισλάμ - έχουν τις ρίζες τους στον πατριάρχη Αβραάμ. Οι θρησκείες αυτές μοιράζονται κοινές πεποιθήσεις, όπως η λατρεία ενός και μοναδικού Θεού και η αναγνώριση του Αβραάμ ως θεμελιώδους μορφής.

Άγνοια: είναι η έλλειψη γνώσης ή επίγνωσης, που συνήθως προκύπτει από σκόπιμη προσπάθεια απόκρυψης πληροφοριών. Αυτό το βιβλίο συζητά το ρόλο της άγνοιας στη διατήρηση του θρησκευτικού ελέγχου και στην παρεμπόδιση της πνευματικής ανάπτυξης.

Ανάληψη: η πνευματική διαδικασία ανόδου σε ένα υψηλότερο επίπεδο συνείδησης ή ύπαρξης. Στο πλαίσιο αυτού του βιβλίου, αναφέρεται στην απελευθέρωση από τους περιορισμούς του θρησκευτικού δόγματος και στην επίτευξη της διαφώτισης.

Αποκάλυψη: είναι η πράξη της ανακάλυψης ή της αποκάλυψης κάτι που προηγουμένως ήταν κρυμμένο ή άγνωστο. Το βιβλίο διερευνά την έννοια της αποκάλυψης στο πλαίσιο των θρησκευτικών κειμένων και της ανακάλυψης κρυμμένων αληθειών.

Αρειανισμός: χριστιανικό θεολογικό δόγμα που πήρε το όνομά του από τον Άρειο, έναν πρεσβύτερο του 4ου αιώνα, ο οποίος υποστήριζε ότι ο Ιησούς Χριστός δεν ήταν θεϊκός, αλλά ένα κτιστό ον. Ο αρειανισμός κηρύχθηκε αιρετικός από τη Σύνοδο της Νίκαιας το 325 μ.Χ.

Βατικανό: το κεντρικό διοικητικό όργανο της Ρωμαιοκαθολικής Εκκλησίας που βρίσκεται στην πόλη του Βατικανού. Το βιβλίο συζητά τον ρόλο του Βατικανού στον θρησκευτικό έλεγχο και τη χειραγώγηση, καθώς και την υποτιθέμενη εμπλοκή του σε διάφορες συνωμοσίες.

Βιβλικός Θεός: η θεότητα που περιγράφεται στη Βίβλο και συνήθως αναφέρεται ως Ιεχωβά ή Γιαχβέ. Το βιβλίο διερευνά την ιδέα ότι ο βιβλικός Θεός μπορεί να αντιπροσωπεύει εξωγήινα όντα και όχι μια ενιαία θεϊκή οντότητα.

Γνωστικές διδασκαλίες: αρχαία θρησκευτικά και φιλοσοφικά κινήματα που έδιναν έμφαση στην απόκτηση της γνώσης (gnosis) ως μέσο πνευματικής απελευθέρωσης. Αποκλίνουσες από τα κυρίαρχα χριστιανικά δόγματα, οι γνωστικιστικές διδασκαλίες καταπνίγηκαν από την πρώιμη Εκκλησία.

Ένατος Κύκλος: μια υποτιθέμενη διεθνής λατρεία θυσίας παιδιών που αναφέρεται στο βιβλίο, στην οποία υποτίθεται ότι συμμετέχουν υψηλόβαθμες αρχές και θρησκευτικές προσωπικότητες. Ο Ένατος Κύκλος λέγεται ότι εμπλέκεται σε τελετουργικές κακοποιήσεις και δολοφονίες παιδιών.

Εξαπάτηση: η πράξη εξαπάτησης ή παραπλάνησης κάποιου, συνήθως για προσωπικό όφελος ή χειραγώγηση. Το βιβλίο εξετάζει διάφορες μορφές εξαπάτησης στους θρησκευτικούς θεσμούς και τις επιπτώσεις τους στην κοινωνία.

Εξωγήινη παρέμβαση: η ιδέα ότι εξωγήινα όντα έχουν επηρεάσει την ανθρώπινη ιστορία και τις θρησκευτικές πεποιθήσεις. Το βιβλίο υποστηρίζει ότι πολλά θρησκευτικά γεγονότα και μορφές μπορούν να αποδοθούν σε αυτή την παρέμβαση.

Εωσφορισμός: είναι ένα θρησκευτικό ή φιλοσοφικό σύστημα πεποιθήσεων που λατρεύει τον Εωσφόρο, ο οποίος συνήθως συνδέεται με τον διαφωτισμό και την εξέγερση κατά των καταπιεστικών θρησκευτικών δομών. Το βιβλίο αυτό συζητά ιστορικές και σύγχρονες ερμηνείες αυτής της πίστης.

Θρησκευτικά σύμβολα: αντικείμενα ή εικόνες που αντιπροσωπεύουν αφηρημένες ιδέες ή έννοιες. Το βιβλίο διερευνά τη σημασία των θρησκευτικών συμβόλων και τις κρυφές τους έννοιες.

Λατρεία του Χριστού: όρος που χρησιμοποιείται στο βιβλίο για να περιγράψει το θρησκευτικό και πολιτιστικό φαινόμενο γύρω από τη μορφή του Ιησού Χριστού, δίνοντας έμφαση στις χειραγωγικές και ελεγκτικές πτυχές του οργανωμένου Χριστιανισμού.

Μάρτυρες του Ιεχωβά: είναι χριστιανικό δόγμα γνωστό για το κήρυγμα πόρτα-πόρτα, τη διανομή θρησκευτικής λογοτεχνίας και την άρνηση μετάγγισης αίματος. Το βιβλίο αυτό εξετάζει τις τακτικές χειραγώγησης που χρησιμοποιούν για να στρατολογούν και να ελέγχουν τα μέλη τους.

Μετενσάρκωση: είναι η πεποίθηση ότι η ψυχή ή το πνεύμα μπορεί να ξαναγεννηθεί σε ένα νέο φυσικό σώμα μετά το θάνατο. Το βιβλίο συζητά την έννοια της μετενσάρκωσης σε διάφορες θρησκευτικές και φιλοσοφικές παραδόσεις.

Μονοθεϊσμός: είναι η πίστη σε μια μοναδική παντοδύναμη θεότητα. Το βιβλίο εξετάζει την προέλευση και τις επιπτώσεις των μονοθεϊστικών θρησκειών, ιδίως στο πλαίσιο των αβρααμικών θρησκειών.

Πίστη: είναι η πίστη σε κάτι χωρίς αποδείξεις ή στοιχεία. Το βιβλίο εξετάζει το ρόλο της πίστης στη θρησκευτική κατήχηση και την επίδρασή της στην ατομική συνείδηση.

Σατανισμός: είναι ένα θρησκευτικό ή φιλοσοφικό σύστημα πεποιθήσεων που λατρεύει τον Σατανά, το οποίο συνήθως συνδέεται με την εξέγερση ενάντια στις παραδοσιακές θρησκευτικές δομές. Το βιβλίο αυτό εξετάζει ιστορικές και σύγχρονες ερμηνείες του σατανισμού.

Συνείδηση: είναι η κατάσταση της επίγνωσης του περιβάλλοντος και της ύπαρξής μας. Το βιβλίο εξετάζει την έννοια της αφύπνισης της συνείδησης ως μέσο για την υπέρβαση της θρησκευτικής κατήχησης και την επίτευξη της πνευματικής απελευθέρωσης.

Σύνοδος της Νίκαιας: σύνοδος χριστιανών επισκόπων που συγκλήθηκε στη Νίκαια το 325 μ.Χ. για να αντιμετωπίσει θεολογικές διαφωνίες, ιδίως όσον αφορά τη φύση του Ιησού Χριστού. Η σύνοδος κατέληξε στο Σύμβολο της Νίκαιας, το οποίο επιβεβαιώνει το δόγμα της Αγίας Τριάδας.

Το πέπλο της άγνοιας: είναι ένας μεταφορικός όρος που χρησιμοποιείται για να περιγράψει την κατάσταση της μη γνώσης ή της άγνοιας σχετικά με ορισμένες αλήθειες, συνήθως λόγω απόκρυψης ή σκόπιμης χειραγώγησης. Το βιβλίο συζητά τον ρόλο του πέπλου της άγνοιας στη διατήρηση του θρησκευτικού ελέγχου και στην παρεμπόδιση της πνευματικής ανάπτυξης.

Τριάδα: Χριστιανικό δόγμα σύμφωνα με το οποίο ο Θεός είναι ένα και μοναδικό ον σε τρία πρόσωπα: ο Πατέρας, ο Υιός (Ιησούς Χριστός) και το Άγιο Πνεύμα. Το βιβλίο διερευνά την ιστορική εξέλιξη και τις θεολογικές συζητήσεις γύρω από την έννοια αυτή.

Αίτημα αναθεώρησης βιβλίου

Αγαπητέ αναγνώστη,

Σας ευχαριστούμε που αγοράσατε αυτό το βιβλίο! Θα ήθελα πολύ να ακούσω νέα σας. Η συγγραφή μιας βιβλιοκριτικής μας βοηθά να κατανοήσουμε τους αναγνώστες μας και επηρεάζει επίσης τις αποφάσεις αγοράς άλλων αναγνωστών. Η γνώμη σας είναι σημαντική. Παρακαλώ γράψτε μια κριτική βιβλίου! Η καλοσύνη σας εκτιμάται πολύ!

Σχετικά με τον συγγραφέα

Ο Dan Desmarques είναι ένας διάσημος συγγραφέας με αξιοσημείωτη πορεία στον κόσμο της λογοτεχνίας. Με ένα εντυπωσιακό χαρτοφυλάκιο 28 μπεστ σέλερ στο Amazon, συμπεριλαμβανομένων οκτώ #1 μπεστ σέλερ, ο Dan είναι μια αξιοσέβαστη προσωπικότητα στον κλάδο. Αξιοποιώντας το υπόβαθρό του ως καθηγητής πανεπιστημίου ακαδημαϊκής και δημιουργικής γραφής, καθώς και την εμπειρία του ως έμπειρος σύμβουλος επιχειρήσεων, ο Dan προσφέρει έναν μοναδικό συνδυασμό τεχνογνωσίας στο έργο του. Οι βαθιές ιδέες του και το μεταμορφωτικό του περιεχόμενο απευθύνονται σε ένα ευρύ κοινό, καλύπτοντας θέματα τόσο διαφορετικά όσο η προσωπική ανάπτυξη, η επιτυχία, η πνευματικότητα και το βαθύτερο νόημα της ζωής. Μέσα από τα γραπτά του, ο Dan ενδυναμώνει τους αναγνώστες να απελευθερωθούν από τους περιορισμούς, να απελευθερώσουν το εσωτερικό τους δυναμικό και να ξεκινήσουν ένα ταξίδι αυτογνωσίας και μεταμόρφωσης. Σε μια ανταγωνιστική αγορά αυτοβοήθειας, το εξαιρετικό ταλέντο και οι εμπνευσμένες ιστορίες του Dan τον κάνουν να ξεχωρίζει ως συγγραφέα, παρακινώντας τους αναγνώστες να ασχοληθούν με τα βιβλία του και να ξεκινήσουν ένα μονοπάτι προσωπικής ανάπτυξης και διαφώτισης.

Επίσης γραμμένο από τον συγγραφέα

1. 66 Days to Change Your Life: 12 Steps to Effortlessly Remove Mental Blocks, Reprogram Your Brain and Become a Money Magnet

2. A New Way of Being: How to Rewire Your Brain and Take Control of Your Life

3. Abnormal: How to Train Yourself to Think Differently and Permanently Overcome Evil Thoughts

4. Alignment: The Process of Transmutation Within the Mechanics of Life

5. Audacity: How to Make Fast and Efficient Decisions in Any Situation

6. Beyond Belief: Discovering Sacred Moments in Everyday Life

7. Beyond Illusions: Discovering Your True Nature

Σχετικά με τον εκδότη

Το βιβλίο αυτό εκδόθηκε από την 22 Lions Publishing.

www.22Lions.com